NOTICE

sur

L'IMPRIMERIE

A NEVERS,

Par Prosper BÉGAT, Imprimeur,

MEMBRE TITULAIRE DE LA SOCIÉTÉ NIVERNAISE DES SCIENCES, LETTRES ET ARTS.

PUBLICATION DE LA SOCIÉTÉ NIVERNAISE.

PRIX : 2 FRANCS.

NEVERS,

IMPRIMERIE DE P. BÉGAT, PLACE DE LA MAIRIE.

1864.

INTRODUCTION.

Nous sommes loin du temps où, pour exercer l'art de l'imprimerie,
« il fallait être *congru* en langue latine, savoir lire le grec, être porteur
» d'un certificat de capacité délivré par le recteur de l'Université, avoir
» subi des examens et des épreuves sur toutes les parties de la librairie
» et de l'imprimerie, enfin avoir fait quatre années d'apprentissage et
» de plus servi les maîtres en qualité de compagnon pendant trois autres
» années. »

Dans l'état actuel de la société, de nos mœurs et *du progrès*, état
déterminé par la révolution de 1789, les titulaires de brevets, à part
quelques rares exceptions, achètent et exploitent l'imprimerie, comme on
exploite toute autre industrie : produire beaucoup, vite et à bas prix
pour soutenir la concurrence, vivre enfin pour la plupart, s'enrichir pour
quelques-uns, tel est le souci de l'imprimeur de nos jours. Il est
entrepreneur, il n'est plus artiste, et le plus souvent il n'est pas même
ouvrier.

A qui la faute? Sans contredit à une nécessité fatale, aux exigences
mesquines du public, puis au peu de sollicitude du pouvoir, qui ne
réglemente la presse que pour en conjurer les dangers, et l'abandonne,
pour tout le reste, à ses propres forces; au monopole exercé par
l'imprimerie royale, nationale, impériale, détournée de son but primitif;
à la répartition arbitraire et peu équitable des travaux administratifs
nécessaires aux grands services publics, au profit de quelques imprimeurs
de la capitale et des départements.

Quant au portrait de l'imprimeur du XIXe siècle, inséré dans le
Bulletin du Bibliophile (mai 1835), je ne le considère que comme une
boutade spirituelle, qu'à ce titre seul il ne faut pas négliger. Voici ce
portrait :

fera sentir dans les moindres imprimeries, sous le rapport d'un tirage suivi. On a essayé d'employer le caoutchouc dont l'industrie s'est emparée depuis quelques années et dont elle généralise l'emploi de plus en plus. Ces essais sont restés jusqu'à présent sans succès ; la matière se détache facilement du mandrin, et l'on est obligé d'y renoncer sans avoir pu fixer une opinion basée sur une longue expérience.

Telles sont mes objections au portrait peu flatteur que j'ai mis sous vos yeux, sous le rapport matériel de l'exécution d'un livre.

Quant à la capacité littéraire du personnel breveté, le spirituel critique, qui a sans doute eu maille à partir avec les imprimeurs, peut avoir raison pour un fort petit nombre, mais non pour la généralité. Il n'est pas possible qu'à notre époque, et avant d'embrasser cette profession, le sujet n'ait pas reçu une éducation que j'appellerai au moins libérale, et si cette opinion paraît encore hasardée, on voudra bien m'accorder qu'il n'est pas possible que la nature du travail de l'imprimerie, les rapports obligés et fréquents avec des personnes lettrées, l'obligation de corriger des épreuves, de déchiffrer des manuscrits, ne stimulent pas l'intelligence la plus rebelle, l'éducation la plus imparfaite, et ne lui donnent pas une espèce de vernis emprunté au travail et aux relations de chaque jour.

Messieurs, vous m'avez fait l'honneur de m'admettre dans la *Société Nivernaise des sciences, lettres et arts*, présidée par un savant archéologue jouissant d'une juste réputation en France, laquelle compte dans son sein des hommes infatigables dans leurs recherches, ainsi que les sommités de notre département ; je me trouve tout-à-fait dépaysé en si docte compagnie, et je ne puis espérer d'acquérir que ce vernis d'emprunt dont je parlais à l'instant. Mais enfin honneur oblige.

Stimulé par M. Bornet, à qui en appartient la première idée, j'ai entrepris de faire une notice sur l'imprimerie à Nevers, suivie du classement chronologique des imprimeurs et de leurs œuvres. Malheureusement notre bibliothèque nivernaise est bien incomplète. Il n'y a pas moins de sept imprimeurs auxquels je ne trouve aucun ouvrage à attribuer.

Je me suis attaché à mentionner les ouvrages de quelque importance, les opuscules littéraires et politiques indiquant la couleur et les tendances du temps, toute espèce de documents pouvant servir à l'histoire, mais j'ai négligé les mémoires judiciaires sur procès particuliers, les mémoires purement administratifs, les classiques et livres de piété tombés dans le domaine public, les ouvrages plus importants édités par des libraires de Paris, n'ayant aucun trait au Nivernais ni par leur sujet, ni par leur auteur , quelques productions de mauvais aloi, telles que ce que l'on appelle *Canards*, en terme d'imprimerie , les professions de foi *électorales* en temps ordinaire, et surtout les quelques professions de foi grotesques après 1848.

Il y a tout avantage, pour les contemporains et pour la postérité, à laisser certaines choses dans l'oubli le plus profond.

DÉCOUVERTE DE L'IMPRIMERIE

Nous n'avons pas la prétention de faire l'histoire de l'imprimerie, œuvre gigantesque qui est encore à accomplir. Nous voulons simplement fixer quelques dates, pouvant servir de corrélation à la présente notice sur l'Imprimerie à Nevers.

Hans Gensfleich von Gutenberg (1), gentilhomme pauvre, né à Mayence vers l'an 1405, aidé de trois sociétaires bourgeois de Strasbourg, fait des essais en 1439, et dans cette dernière ville. Ces premiers essais restent inconnus et improductifs.

Le décès de l'un de ses associés amène des embarras, un procès et la dissolution de la société.

Gutenberg, découragé et endetté, retourne à Mayence. Là il confie son secret à un riche orfèvre, Jean Faust. Leurs premiers ouvrages, à l'aide de *planches gravées*, sont : un *Alphabet*, un *Donat*, sorte de grammaire latine, et un extrait de divers ouvrages qu'ils intitulèrent *Catholicon Joannis Januensis*.

Ils s'associent ensuite Pierre Schœffer, jeune clerc roturier qui a vu Paris et y a exercé le métier de copiste, fort avantageux et distingué à cette époque. Le nouvel associé exécute leur projet, formé et pressenti depuis longtemps, de fondre des *caractères mobiles*. C'est à partir de ce moment que l'on peut s'écrier : *Et facta est lux.*

Pour prix de sa réussite, le vieux Faust lui donne sa fille en mariage. Quant à l'homme de génie qui a blanchi sous l'action incessante de ses investigations, de ses déboires, de ses chagrins et de la pauvreté, il est rejeté de l'association par l'usurier Faust, au moyen d'un procès que ce dernier gagne, de complicité avec son gendre, l'industrieux et le glorieux Schœffer.

(1) En français : *Jean Chaird'oie de Bonnemontagne.*

Le premier ouvrage en caractères mobiles est une bible latine dont l'impression dura près de trois ans et ne fut terminée qu'en 1452.

Gutenberg revient à Strasbourg, fait connaître ses procédés; il se rend ensuite à Harlem, en Hollande, où il fonde un établissement. Enfin il retourne à Mayence pour y mourir au commencement de 1468.

. Faust était venu se fixer à Paris, apportant un grand nombre d'exemplaires de la Bible imprimée à Mayence, qu'il vendit fort cher, en laissant supposer qu'ils étaient manuscrits et en cachant par conséquent les procédés de l'imprimerie. Il est assez difficile de s'expliquer la réussite de ce suberfuge à Paris, lorsque l'on sait que les merveilleux procédés de l'imprimerie sont déjà connus à Mayence, à Strasbourg, et transplantés en Hollande. Quoi qu'il en soit, Faust, accusé de sorcellerie, est emprisonné à Paris.

Le crime de sorcellerie n'étant pas suffisamment constaté, il est mis en liberté peu de temps après. Il en profite pour revenir à Mayence où il reprend ses travaux en compagnie de Schœffer (1457) (1).

Le premier ouvrage portant le nom de Faust et Schœffer, est le *Psalmorum Codex*, publié en août 1457.

Après la mort de Faust que l'on présume être arrivée en 1466, Schœffer continue d'exercer son art jusqu'à sa mort, arrivée en 1492.

Il eut trois enfants qui continuèrent sa profession, l'aîné à Mayence, le second d'abord à Mayence, puis à Worms, enfin à Strasbourg.

Le troisième resta à Mayence, comme son frère aîné. Une branche de sa famille garda son établissement jusqu'en l'année 1670; une autre se fixa dans les Pays-Bas (2).

C'est Jean, fils aîné de Schœffer qui, le premier, avoua, dans la dédicace de son beau Tite-Live, offert à Maximilien, que l'invention primitive appartenait à Gutenberg (3).

Avant la fin du XVe siècle, de 1449 à 1500, on compte en Europe 34 établissements typographiques, dont 17 en France, savoir: Mayence, Harlem, Strasbourg, Rome, Venise, Paris, Milan, Oxford, Lubeck,

(1) D'après Philarète Chasles, Faust serait mort de la peste, à Paris, en 1466.
(2) Notice historique sur l'imprimerie, par Paul Dupont.
(3) Philarète Chasles, *Revue des Deux-Mondes*, 1843, p. 322.

Naples, Florence, Louvain, Lyon, Bâle, Valence en Espagne, Angers, Bruxelles, Toulouse, Genève, Troyes, Heidelberg, Vienne en Dauphiné, Rouen, Rennes, Abbeville, Besançon, Nantes, Avignon, Dijon, Orléans, Limoges, Tours, Madrid, Perpignan. Ces villes sont placées ici par ordre chronologique de la fondation.

Cent trente ans environ se sont donc écoulés entre l'invention des caractères mobiles et l'apparition de l'art typographique à Nevers, dans la personne de Pierre Roussin, ou cent quatre ans seulement, si l'on admet, avec moi, un premier imprimeur resté inconnu (1556).

LÉGISLATION DE L'IMPRIMERIE.

Dans un excellent ouvrage intitulé : *Notice historique sur l'Imprimerie*, par Paul Dupont, qui a paru en 1849, nous trouvons un tableau, par ordre de dates, des lettres-patentes, édits, arrêts, décrets, circulaires, lois et ordonnances, qui offre, au premier coup d'œil, comme une échelle progressive et décroissante de la sollicitude accordée par l'État à l'art de l'imprimerie.

Le premier acte émanant de l'autorité royale, touchant l'imprimerie, apparaît en 1488. Des lettres-patentes de Charles VIII accordent aux imprimeurs les mêmes priviléges dont jouissent les membres de l'Université.

Ces priviléges sont confirmés et étendus par Louis XII, le 9 avril 1513, « *en considération du grand bien qui est advenu en son royaume, au moyen de l'art et science de l'imprimerie, invention qui semble plus divine qu'humaine* » ; par François Ier, le 20 octobre 1516 ; Henri II, en septembre 1547. C'est Henri II qui impose l'obligation de ne publier aucun livre qui ne soit revêtu du nom de l'auteur et de celui de l'imprimeur, et qui n'ait été vu et approuvé. Un siècle s'est à peine écoulé depuis que *la lumière s'est faite*, et l'autorité royale et l'autorité religieuse commencent à s'apercevoir que l'invention pourrait bien être plus *humaine que divine*.

En 1550, ordre de mettre dans chaque bibliothèque royale un exemplaire des livres nouvellement imprimés.

1558. — Arrêt du parlement portant défense d'imprimer aucun livre concernant la religion, sans exprès commandement ou permission, à peine de *confiscation de corps et de biens*. — Confiscation de corps !

1560. — Charles IX confirme les priviléges et immunités des imprimeurs, mais (1563) défend, *sous peine capitale*, d'imprimer sans permission.

1582 - 83. — Henri III dispense l'art de l'imprimerie, le *plus exquis* de tous les arts, de la taxe imposée sur les arts mécaniques.

1594-1610. — Confirmation de priviléges par Henri IV et Louis XIII.

De 1618 à 1667. — Réglements divers.

1667. — Défense à la chambre syndicale de recevoir aucun maître imprimeur à moins qu'il ne soit suffisamment instruit dans la langue latine et ne sache lire le grec.

1686. — Le nombre des imprimeurs de Paris est fixé à 36.

1704. — Fixation du nombre des imprimeurs et libraires dans toutes les villes du royaume.

1723. — Ordonnance qui, pour la première fois, réglemente le colportage.

1725. — Réglement entre l'université et les libraires et imprimeurs de Paris.

1728. — *Police* de l'imprimerie. C'est aussi pour la première fois que nous trouvons ce mot, de signification moderne, qui sonne mal à côté des mots : *priviléges, immunités,* honneurs de tous genres, prodigués à l'heureuse corporation de l'imprimerie et de la librairie.

1732. — Nouveau réglement du colportage.

1744. — Un réglement, arrêté en Conseil d'État le 28 février 1723, sous Louis XV, et qui, dit-on, est l'œuvre du chancelier d'Aguesseau, est exécutoire dans tout le royaume.

1747. — Douze membres du corps de l'imprimerie et de la librairie, doivent assister à la première distribution des prix de l'Université.

Encore quelques années pendant lesquelles la propriété littéraire est reconnue, mais limitée à la vie de l'auteur, et la contrefaçon punie, et nous arrivons à 1789 qui voit les priviléges abolis; à 1791, qui supprime les brevets et lettres de maîtrise.

Près de 800 imprimeurs surgissent dans Paris; les livres licencieux, les feuilles incendiaires, les pamphlets anarchiques inondent la capitale et les provinces. Les 36 imprimeurs de la veille sont ruinés ou abandonnent leurs établissements. Ceux du lendemain ont le même sort; mais ils sont remplacés immédiatement par d'autres, chaque ouvrier voulant être maître. La loi du 28 germinal an IV essaie en vain de remédier à ce triste état de choses.

La loi du 9 vendémiaire an VI impose le timbre aux feuilles politiques périodiques.

Le décret de l'an XIII, 1er germinal, consacre de nouveau la propriété littéraire.

7 germinal an XIII. — L'impression des livres d'église est interdite sans la permission des évêques diocésains.

Puis enfin, nous arrivons au décret impérial du 5 février 1810, élaboré en Conseil d'État, sous l'impulsion du génie organisateur de Napoléon lui-même, à qui l'on attribue le préambule suivant, lors de la présentation de ce projet de loi (1) :

« L'imprimerie, dit l'Empereur au Conseil d'État, est un arsenal qu'il importe de ne pas mettre entre les mains de tout le monde ; nul ne pourra donc exercer sans être breveté et assermenté, et le nombre sera fixé dans chaque département. L'imprimerie n'est point un commerce ; il ne doit donc pas suffire d'une simple patente pour s'y livrer ; il s'agit d'un état qui intéresse la politique, et dès-lors la politique doit en être juge..... Si l'on souffre qu'il y ait trop d'imprimeurs, il est à craindre que, pour occuper leurs presses, ils ne se prêtent à imprimer des ouvrages dangereux..... En bonne administration, le nombre des imprimeurs doit être fixé ; car, lorsqu'une profession ne peut faire vivre qu'un nombre d'individus, et que le gouvernement ne limite pas ce nombre, il est impossible de compter sur la probité de ceux qui l'exercent ; la misère présente étourdit sur la crainte des conséquences futures, et l'imprimerie est une arme terrible qu'il ne faut pas laisser entre les mains du malheureux..... Je suis convaincu que plus les professions sont fixées, moins il y a de malheureux, et que l'effet infaillible de la liberté illimitée est d'augmenter le nombre des pauvres. A cet égard, les expériences sont faites. »

Pour terminer cette courte revue législative, nous ajouterons que le nombre des imprimeurs de Paris fut restreint par le décret impérial, de 400 à 60 (2). Les imprimeurs dépossédés durent être indemnisés par les imprimeurs conservés.

Ce nombre fut porté plus tard à 80, par décret du 14 février 1811.

(1) *Manuel-annuaire de l'imprimerie et de la librairie,* par M. Ferdinand Grimont, 1855.

(2) Sur 800 imprimeries environ, la moitié avait disparu pour ne plus se relever, et 400 végétaient encore à l'apparition de ce décret.

Le décret du 5 février 1810 garantit le droit de propriété littéraire à l'auteur et à sa veuve pendant leur vie, et à leurs enfants pendant 20 ans.

21 octobre 1814. — Obligation de la déclaration préalable à l'impression et du dépôt de deux exemplaires avant la publication ou mise en vente.

18 juillet 1828. — La presse périodique est soumise à un cautionnement.

3 août 1844. — Loi qui confère aux veuves et aux enfants des auteurs dramatiques la jouissance de leurs œuvres pendant 20 ans.

1848. — Abolition de toutes les lois restrictives de la liberté de la presse.

27 juillet 1849. — Loi qui détermine les délits commis par la voie de la presse ou par toute autre voie de publication. — Réglementation du colportage; estampille.

16 juillet 1850. — Cautionnement des journaux et timbre des écrits périodiques ou non périodiques, traitant de questions politiques ou sociales. — La signature des auteurs est exigée.

17 février 1852. — Consécration du cautionnement et du droit de timbre pour la presse périodique politique, et du droit de timbre seulement pour les écrits traitant de matières politiques ou d'économie sociale. Les mesures de répression contre les journaux sont : l'avertissement, la suspension, la suppression.

28 mars 1852. — La propriété littéraire et artistique, les droits de l'intelligence enfin, sont consacrés et assis sur les bases les plus larges et les plus équitables. La jouissance en est accordée aux enfants pendant 30 ans, à partir du décès de l'auteur ou de la veuve.

L'IMPRIMERIE A NEVERS.

Non sine labore.

Ce serait à la Charité-sur-Loire et dans la maison même des Bénédictins, Antoine de Roche étant prieur, qu'aurait paru, pour la première fois, dans le Nivernais, l'art de l'imprimerie, en 1496. D'habiles ouvriers, appelés d'Italie, auraient imprimé un missel romain in-f°, en caractères gothiques. Ce missel a été vu et touché, à Auxerre, par un ancien principal de collége, qui en a même communiqué le titre à J.-Fr. Née de La Rochelle : *Missale Romanum, claris litteris impressum in oppido Caritatensi ad Ligerim, per Joannem de Bosco et Joannem Galli socios in arte impressoria satis pîtos* (peritos). *Anno legis novæ millesimo quadringentesimo nonagesimo sexto* (1496) *scda* (secunda) *die septembris.* Et cependant J.-Fr. Née de La Rochelle avoue n'avoir pas trouvé ce missel dans la bibliothèque des Bénédictins ni dans celle des Récollets de La Charité, qui contenaient pourtant des livres fort anciens.

Ce missel, dont le titre est si détaillé, dont la désignation paraît si authentique, *impressum in oppido Caritatensi ad Ligerim*, a disparu. Nul ne l'a vu si ce n'est un inconnu, nul n'en a jamais parlé avant Née de la Rochelle que notre studieux et expert M. G. de Soultrait ne craint pas d'appeler un *compilateur fort crédule et peu intelligent*, dans une appréciation de mon travail que je lui ai communiqué. M. G. de Soultrait repousse donc cette assertion jusqu'à *preuve certaine.*

S'il peut rester quelque doute au sujet de ce missel, il n'en est pas de même d'une autre assertion de Née de la Rochelle qui affirme que c'est également à La Charité-sur-Loire que fut imprimée pour la première fois, en 1535, *la Coutume* du Nivernais, dont la nouvelle rédaction venait d'être terminée en 1534.

Cette édition existe bien, mais elle a été imprimée à Paris pour Jean
Lenoir, libraire à La Charité. Il y a ici un flagrant délit de lèse-histoire
qui vient encore battre en brèche l'existence dudit missel.

Le seul exemplaire connu de l'édition originale de la première rédaction de *la Coutume* de Nevers, qui est entre les mains de M. G. de
Soultrait, est sans date et sans nom d'imprimeur. Les experts en typo-
graphie primitive et notamment M. Brunet, dont l'opinion a la plus
grande valeur, lui donnent pour date l'année 1494, et Lyon pour lieu de
naissance. Les éditions subséquentes sont toutes connues et ont une
date et un nom d'imprimeur.

L'assertion du premier établissement typographique à La Charité-sur-
Loire, sous le patronage des Bénédictins, paraît donc fort contestable.

Il en est à peu près de même de la première imprimerie fondée à
Nevers; il y a une grande divergence d'opinions et de dates entre les
différents historiens Nivernais. Nous allons donner les assertions de
chacun d'eux, et essayer de fixer la question suivant notre jugement.

D'après Gillet, *le premier imprimeur*, patroné par Louis de Gonzague, et établi dès 1556, serait resté *inconnu*. Il y a dans cette assertion
une erreur chronologique flagrante. Louis de Gonzague n'a pas pu ins-
taller à Nevers la première imprimerie en 1556, puisqu'il n'est arrivé au
duché que par son mariage avec Henriette de Clèves, en 1564.

M. de Sainte-Marie prétend que, dès 1535, il y avait un imprimeur à
Nevers, sans donner aucun motif de cette prétention.

J.-Fr. Née de La Rochelle répond : « Si le fait était vrai, pourquoi
aurait-on imprimé à La Charité *la Coutume* qui fut rédigée à Nevers en
1534, et *le Bréviaire*, à Paris, la même année? » Ce qui n'est pas une
raison péremptoire, attendu que, d'une part, il pourrait bien se faire que
cet imprimeur innommé n'eût pu entreprendre ces ouvrages, faute d'un
matériel convenable ou suffisant, ou pour tout autre motif; et que,
d'autre part, nous savons à quoi nous en tenir sur la véracité des affirma-
tions de Née de La Rochelle.

Suivant une note manuscrite au frontispice du *Guidonis Conchylii
romenæi Nivernensis poëmata*, de la bibliothèque Nivernaise, et
provenant de la bibliothèque de *Gilberti Troufflaut, sancti Gildardi
Nivernensis canonici*, Pierre Roussin serait le premier imprimeur de
Nevers, attendu que la première édition gothique de *la Coutume* du

Nivernais fut imprimée à Paris en 1539, *faute d'imprimeur à Nevers*, ce qui ne serait pas une preuve. De plus, il n'existe pas d'édition de *la Coutume* du Nivernais, de 1539. L'édition qui suit celle de 1535 est de 1546 (1).

Suivant l'abbé Troufflaut, Pierre Roussin, deuxième imprimeur nivernais, serait venu s'établir à Nevers en 1578. La même note manuscrite, citée plus haut, repousse encore cette assertion et cette date, attendu que Pierre Roussin aurait imprimé un ouvrage intitulé : *Advertissement sur l'édict de Henri III, roy de France et de Pologne, faisant droict aux remontrances proposées par les estats du roy, assemblés en la ville de Bloys, par Jean Duret, jurisconsulte de Molins-en-Bourbonnais. —* A Lyon, chez Benoist Rigaud, 1587. — Imprimé par Pierre Roussin. — Il est vrai que Pierre Roussin aurait bien pu imprimer, à Nevers, cet ouvrage, avec l'indication du libraire de Lyon, Benoist Rigaud ; et le voisinage de l'auteur, Jean Duret, *jurisconsulte de Molins-en-Bourbonnais,* viendrait à l'appui de cette possibilité.

Dans *le tableau chronologique synoptique de l'histoire du Nivernais et du Donziais,* par Mgr Crosnier, on trouve cette mention : *1535, Jean Lenoir, premier imprimeur qui s'établit à Nevers.* C'est bien la date assignée par M. de Sainte-Marie, mais c'est pour la première fois que je trouve ce nom comme *imprimeur.*

Parmentier parle d'un *libraire,* Jean Lenoir (2), en 1535, et d'un autre libraire, Nicolas Saulnier, en 1546. Mais ce ne sont que des libraires, probablement marchands merciers ou épiciers en même temps.

C'est le 8 novembre 1556 (je cite textuellement Parmentier) que « la » ville accorda *à un imprimeur,* qui n'est pas nommé, une maison » propre à son état, sans qu'il en payât loyer, et l'exempta de tous » subsides réputés propres ; mais, comme il était de mauvaise conduite, » et qu'il imprimait toutes sortes de livres prohibés, on lui ôta son » exemption et ses priviléges le 30 mars 1561. »

(1) Notes pour une bibliothèque Nivernaise, par M. G. de Soultrait (Annuaire de la Nièvre 1848.)

(2) C'est évidemment le même Jean Lenoir, libraire à La Charité, dont fait mention l'édition de *la Coutume* de 1535, imprimée à Paris.

Cette citation est précise. On connaît les habitudes consciencieuses de Parmentier, attestées par son travail tout entier, et il n'a pu donner ces dates : 8 novembre 1556 et 30 mars 1564, sans avoir sous les yeux des documents authentiques, pas plus qu'il n'aurait appelé Jean Lenoir *libraire*, s'il eût été *imprimeur*.

Il demeure donc constant, pour moi, qu'il y a eu un imprimeur resté inconnu avant Pierre Roussin.

Après cet imprimeur et une interruption de 17 ans, arrive Pierre Roussin en 1578, suivant l'abbé Troufflaut, et rien ne vient corroborer cette date, jusqu'en 1624, époque de sa mort ou de la cession de son imprimerie à un successeur.

Je dois encore mentionner ici une objection qui m'a été faite par un partisan de l'opinion que Pierre Roussin est le premier imprimeur de Nevers : Comment se fait-il que Gaston Clave, auteur de l'ouvrage, fort rare aujourd'hui, *Apologia argyropeiæ et chrysopeiæ*, imprimé par Pierre Roussin en 1590, et dédié à Louis de Gonzague, loue ce prince d'avoir doté Nevers des arts de la faïence, des émaux, de la verrerie, du Collége et des Minimes, *et en dernier lieu, tout récemment,* de l'art de l'imprimerie?

Je réponds qu'en raison du laps de temps qui s'est écoulé entre 1564, époque à laquelle l'imprimeur, resté inconnu, fut supprimé pour cause d'inconduite et du mauvais usage de sa presse, et 1578, que Pierre Roussin fut appelé, Gaston Clave a pu à bon droit féliciter Louis de Gonzague d'avoir rétabli, encouragé, patroné l'art de l'imprimerie en la personne de Pierre Roussin, sans anéantir pour cela le fait bien établi de l'établissement de la première imprimerie, le 8 novembre 1556.

M. G. de Soultrait pense que Pierre Roussin n'arriva à Nevers que vers 1588 ou 1589.

Je suis assez de cet avis, car il serait bien étonnant qu'on ne trouvât ni ne mentionnât aucune production de ses presses pendant dix ans, lorsqu'il nous reste un certain nombre de ses ouvrages de 1590 à 1608 (1),

_____

(1) Il faudrait alors retrancher des ouvrages imprimés à Nevers l'*Advertissement sur l'édict de Henri III*, etc., à Lyon, chez Benoist Rigaud, 1587.— Imprimé par Pierre Roussin.

attestant son activité et son savoir-faire. Et cependant il est à remarquer que, de 1608 à 1621, où Pierre Millot apparaît, on ne trouve plus rien de lui. Est-ce l'âge, est-ce la maladie, sont-ce des déboires financiers qui ont refroidi son ardeur?...

Ou bien Pierre Roussin, après avoir débuté à Lyon, aurait-il quitté cette ville importante sur l'invitation pressante et les promesses de Louis de Gonzague, pour venir transplanter son art à Nevers? Après 1608, Nevers lui serait-elle devenue inhospitalière, et serait-il retourné à Lyon? Ces deux hypothèses sont aussi admissibles l'une que l'autre. En effet, nous trouvons à Lyon un Pierre Roussin dans l'*Advertissement sur l'édict de Henri III* (1587). Pendant l'époque certaine du séjour de notre Pierre Roussin à Nevers, nous trouvons à Lyon un Jacques Roussin dans le *Discours au Roy sur la conférence de Fontainebleau*, par Jean, abbé d'Aunet, Lyon, Jacques Roussin, 1600, in-12 (1). Après 1608, nous trouvons un Pierre Roussin à Lyon dans *Lettres de MM. le Chancelier, garde-des-sceaux, et président Jeannin, escrites à la Reine-Mère*, à Lyon, par Pierre Roussin, 1619, in-8° (2). Nous le trouvons encore à Lyon dans *Rapport faict au Roy de la résolution dernière de la Royne sa mère*, à Lyon, par Pierre Roussin, 1619, petit in-8° (3).

Comme on le voit, je maintiens encore bien des points d'interrogation et je laisse à plus habile et plus fervent que moi le soin de résoudre ces divers problèmes. M. le comte G. de Soultrait s'occupe aussi depuis de longues années de l'imprimerie nivernaise. Tôt ou tard il publiera le produit de ses actives recherches; il a pu faire ce qui ne m'a pas été donné, je veux dire fouiller les bibliothèques de Paris et de Lyon, et peut-être celles de Londres, où l'on rencontre tant de bibliophiles passionnés; et, malgré ces avantages, je doute qu'il parvienne à éclairer toutes les obscurités que j'ai signalées.

Pour terminer le chapitre des doutes qui sont venus m'assaillir à chaque pas dans ce petit travail, j'en signalerai un dernier. M. de

---

(1) Brunet, *Manuel du Libraire*, dernière édition.

(2) L'*Ami des livres*, n° 2593.

(3) L'*Ami des livres*, n° 1, septembre 1861, sous le numéro 2577.

Laugardière, à qui je dois plusieurs renseignements précieux, m'a communiqué la note suivante : « *Marques typographiques*, par » Silvestre (en cours de publication). — N° 772, Pierre Roussin, » imprimeur à Nevers, de 1590 à 1598. — Cette marque est en forme » de médaillon, sur la bordure duquel se lit la légende : NON SINE » LABORE ; le sujet intérieur représente un homme jeune, grimpant à » un arbre dont il atteint les premières branches. »

D'abord, M. Silvestre se trompe en bornant les travaux de Pierre Roussin, imprimeur à Nevers, à 1598, attendu que je trouve de ses ouvrages en 1608. Puis ensuite, ceux que j'ai vus n'offrent aucune trace de la marque typographique ci-dessus décrite.

M. de Laugardière a aussi trouvé dans les archives du greffe de Nevers la signature de Pierre Roussin.

ORDRE CHRONOLOGIQUE

DES IMPRIMEURS ET DE LEURS ŒUVRES.

Ier Imprimeur de Nevers.

8 novembre 1556. — Son nom et ses œuvres, inconnus.

IIme Imprimeur.

Pierre ROUSSIN,

Imprimeur de Mgr le Duc de Nevers.

De 1578 en 1621, suivant une note manuscrite de l'abbé Troufflaut, que j'ai trouvée à la Bibliothèque Nivernaise; et de 1588 ou 89, d'après l'opinion de M. le comte G. de Soultrait.

Voici ce que j'ai pu recueillir des travaux de cet imprimeur qui, s'il n'est pas le premier à Nevers, mériterait de l'être par la perfection et le soin typographiques, le mérite, le choix et l'importance des œuvres devenues fort rares et fort recherchées des bibliophiles de tous pays. On ne connaît, m'assure-t-on, qu'un seul exemplaire de son *Apologia Argyropeiæ* et *Chrysopeiæ* à Londres.

Son *Breviarium* est imprimé avec rubriques en rouge et aussi bien repérées que les plus belles éditions actuelles de Malines, de Tours et de Paris.

Advertissement sur l'edict de Henri III, roy de France et de Pologne, faisant droict aux remontrances proposées par les estats du Roy;

assemblés en la ville de Bloys, par Jean Duret, jurisconsulte de Molins-en-Bourbonnais, à Lyon, chez Benoist Rigaud, 1587, imprimé par Pierre Roussin. — (Cet ouvrage a-t-il été imprimé à Lyon ou à Nevers?)

Guidonis Conchylii Romenæi Nivernensis Poëmata, in-8, 1590.
Il existe des exemplaires avec la date 1593, dans lesquels le frontispice et les quatre premiers feuillets seulement ont été renouvelés.

Apologia Argyropeiæ et *Chrysopeiæ*, par Gaston Clave, in-8, 1590.

La *Seconde Semaine* de Guillaume de Saluste, seigneur de Bartas (premier et second jour), a été imprimée à Paris, chez L'huillier, en 1584, in-4. Le Catalogue de la Bibliothèque *du Roi*, Y, numéro 4758, indique une édition du *Premier Jour*, revue par l'auteur, *Nevers, Pierre Roussin*, in-4, 1591. — Selon ses biographes, ce poète était mort en juillet 1590.

De triplici præparatione argenti et auri, par Gaston Clave, in-4, 1592.

Discours de l'origine des fontaines : ensemble, *quelques observations de la guérison de plusieurs maladies grandes et difficiles, par l'usage des fontaines de Pougues*, Nevers, 1592, in-8, par Antoine de Fouil-)loux, médecin de Nevers.

Psalmi Davidis centvm qvinqvaginta paraphrastice translati in versus heroïcos, auctore Guidone Conchylio, romenaeio Nivernense, in-8, 1592.
Une deuxième édition porte la date de 1602.

L'histoire memorable des grands trovbles de ce royavme sovbs le roy Charles VII, contenant la grande desolation en laquelle il se trouua à son aduenement à la couronne par l'vsurpation des Angloys, ses merueilleux faicts d'armes, et de la plus part de sa noblesse, ensemble de la Pucelle Ieanne, par le moyen desquels lesdits Angloys furent chassez, et cedit royaume rendu paisible, et autres choses singulières et remerquables advenuës pendant ledit temps, redigees en celle par Alain Chartier (Giles Rouvier), *homme bien estimé et secré-*

taire dudit Roy, etc. (Voir le Nouveau Brunet), à Nevers, par Pierre Roussin , imprimeur de Monseigneur le Duc de Nevers et de Rethellois , petit in-4, 1594.

Discours de l'origine des Fontaines , etc., par Antoine de Fouilloux, revu et augmenté par Pidoux , in-8, 1595.

La vertu et usage des Fontaines de Pougues, par Pidoux, in-8, 1598. Il existe deux autres éditions de Pierre Roussin, 1603 et 1608.

Breviarium insignis ecclesiæ Nivernensis emendatum et ad formam breviarii romani redactum reverendissimi D. Arnaldi Sorbini, episcopi nivernensis auctoritate, et ejusdem ecclesiæ capituli consensu editum, 2 vol. in-12, Pierre Roussin, 1600.
Mgr Crosnier possède un volume de ce Bréviaire.

Priviléges, droicts, libertez, immunitez et franchises des eschevins, bourgeois, manans et habitants de la ville de Nevers, accordés par le comte Guy et par la comtesse Malthide, le 27 juillet 1231, et confirmés par Ludovic, duc de Nivernois, prince de Mantoue, et Henriette, son épouse, le 6 mai 1566, en latin, 18 p. in-8, 1602.

Idem, traduction française, 24 p. in-8, 1602.

Discours merveilleux d'un usurier qui s'est pendu à la rue d'Enfer, entre Nevers et St-Pierre-le-Moûtier, le vendredi XIIIe jour de mars 1603, présenté à madame la Princesse de Nevers, in-8, avec figure représentant l'usurier à la potence.
Une copie de cet ouvrage est indiquée au n° 706 d'un catalogue de lives rares de Potier, libraire à Paris, dont la vente a eu lieu le 22 avril 1861.

Arret du conseil povr la commutation des bovrdelages devz sur les maisons et autres heritages assis en la ville de Nevers et faulxbourgs d'icelle en cens et rente, 6 p. in-8, 1604.

Oraison funèbre de l'évêque Arnauld Sorbin, par Pierre Paulet, 1608.

IIIme Imprimeur.

Pierre MILLOT.

Le 30 janvier 1624, les échevins traitent avec Pierre Millot et lui promettent 60 livres par an. Son fils lui succède presque immédiatement après ce traité.

Je n'ai rien pu découvrir de cet imprimeur.

IVme Imprimeur.

Jean MILLOT,

Imprimeur de S. Altesse de Mantoue.

Ayant succédé à son père en 1622, il exerce l'imprimerie jusqu'en 1637.

Texte des covstvmes dv pays et dvché du Nivernois, in-32, 1622.

Discours de l'origine des Fontaines : ensemble, etc., par Antoine de Fouilloux, in-8, 1628.

Discours veritable de ce qui s'est passé en la conférence tenue à Challement entre le R. P. Scholastique de Châtillon-en-Bresse, prédicateur capucin en la mission de Saint-Léonard en Nivernois, et le sieur Monsenglard, ministre de l'église prétendue réformée dudit lieu, par la permission de Mgr le révérendissime Évesque de Nevers, et authorité de Mgr le marquis de Pleuvot, lieutenant-général de Sa Majesté en la province, représentée par MM. le comte de Chastellux et le baron de Chevigny, modérateur de l'action, par le sieur Chauveau nommé secrétaire en la conférence pour le R. P. Scholastique, 1 vol., 1630.

Eaux de Pougues, par Etienne Flamant, in-8, 1633.

L'hydre féminine combatve par la nymphe Pougoïse, par Augustin Courrade, in-8, 1634.

Vme IMPRIMEUR.

Jean FOURRÉ, gendre de Jean Millot.

Le 26 avril 1637, Jean Fourré est reçu imprimeur aux mêmes conditions que son beau-père et exerce jusqu'en 1657. Je ne trouve de lui que :

Paraphrase en vers français sur les 150 psaumes de David, par Pierre Bourg de Nevers, in-8, 1655.

VIme IMPRIMEUR.

Jean FOURRÉ fils.

Le 21 septembre 1657, la ville reçoit Jean Fourré fils, pour exercer avec son père.

VIIme IMPRIMEUR.

HARLY, huissier royal.

(Sans date).

Il y a ici une obscurité qui m'a paru d'abord impénétrable. Après avoir dit que, le 21 septembre 1657, la ville reçut Jean Fourré fils pour exercer avec son père, Parmentier ajoute : « Et néanmoins, il paraît qu'il y avait un Jean Millot après la mort duquel le nommé Harly, huissier royal, imprima pendant quelque temps. »

Il dit encore : « Le 2 mai 1662, Antoine Chaillot, gendre de Jean Millot, fut reçu imprimeur. »

Ce Jean Millot, qui *paraît* avoir été imprimeur pendant qu'exerçaient Jean Fourré père et fils, est-il le même qui céda son établissement, en 1637, à un gendre Jean Fourré? Après avoir fait cette cession, comment Harly a-t-il pu prendre sa place, après sa mort, et comment Antoine Chaillot, successeur de Harly, se trouve-t-il être aussi un gendre de Jean Millot en 1682?

Jean Millot a donc continué d'exercer de son côté, après avoir cédé à son gendre Jean Fourré? Il y aurait donc deux imprimeries à dater de cette époque?

S'il existait un inventaire et un classement des archives de Nevers, amoncelées sur les rayons d'un grenier de l'Hôtel-de-Ville, nul doute que ce point obscur, sur lequel Parmentier et Fr. Née de La Rochelle ont sauté à pieds joints, ne devînt facile à éclairer.

VIIIme Imprimeur.

Antoine CHAILLOT, gendre de Jean Millot.

Le 2 mai 1682, Antoine Chaillot est reçu imprimeur à la charge d'imprimer gratis les billets de logement et les bordereaux pour les impositions.

La vérité de la religion catholique, apostolique et romaine, et la fausseté de la religion prétendue réformée des Calvinistes, par Dom Belin, prieur claustral et grand-vicaire de Notre-Dame de La Charité, in-8, 1683.

Rituel pour les curés du Diocèse de Nevers, petit in-4, 1689.

Officia omissa et correcta in breviario nivernensi apponenda, 90 pages. (Mgr Crosnier en possède un exemplaire). Niverni, apud Antoninum Chaillot, illustrissimi D. D. Episcopi typographum, 1677. — En voyant la date de ce dernier ouvrage, que penser de Parmentier qui déclare qu'Antoine Chaillot est reçu imprimeur le 2 mai 1682 : il veut dire *imprimeur de la Ville ou des Échevins*, puisqu'il exerçait avant cette date. Donc, il y avait une autre imprimerie.

IXme Imprimeur.

Ignace CHAILLOT, fils d'Antoine.

Suivant Parmentier, Ignace Chaillot vendit son fonds à Réné Pinardeau, qui se fit recevoir le 23 juillet 1724.

Ici autre obscurité, qui me fait croire de plus en plus à deux imprimeries à Nevers depuis Jean Millot.

J'ai pleine confiance en Parmentier et il cite la cession d'Ignace Chaillot à Réné Pinardeau avec une date précise, le 23 juillet 1724.

Il devient impossible de faire succéder cette série d'imprimeurs par ordre de dates, sans admettre deux imprimeries. En les admettant, la chose devient facile, comme on peut le voir par le tableau suivant.

Le IVme Imprimeur, JEAN MILLOT, serait la souche de 2 imprimeries :

1637. — JEAN MILLOT continuerait d'exercer en personne jusqu'à une grande vieillesse, ou plutôt en la personne d'un fils du même nom.	Vme.
	1637. — JEAN FOURRÉ, son gendre.
	VIme.
	1657. — JEAN FOURRÉ fils.
VIIme.	Xme.
(Sans date). — Après la mort de JEAN MILLOT, HARLY le remplacerait pendant quelque temps.	1713. — M. Du Broc de Séganges a l'obligeance de me faire part de la découverte qu'il a f aite, sur les registres des paroisses, de *Noble Homme* JEAN DERVAULT, *imprimeur du Roy*, qui serait alors le dernier titulaire de cette seconde imprimerie, originaire de Jean Millot. Et cette opinion se trouverait corroborée par ces mots : *seule place* obtenue par Louis Lefebvre, le 7 septembre 1739.
VIII^{mo}.	
2 mai 1682. — ANTOINE CHAILLOT, gendre d'un Jean Millot, succède à Harly.	
IXme.	
IGNACE CHAILLOT, fils d'Antoine, céderait son fonds, en 1724, à :	
XIme.	
1724. — RÉNÉ PINARDEAU qui exerce jusqu'en 1739.	
XIIme.	
7 septembre 1739.- LOUIS LEFEBVRE est reçu imprimeur, et doit remplir *la seule place* fixée par le réglement du 31 mars précédent.	

XIIIme.

17 Juin 1765.— P.-LOUIS LEFEBVRE, fils de Louis, est reçu imprimeur.

XIVme.

1777-1790. — La veuve de P. LOUIS LEFEBVRE, qui devient la souche de deux imprimeries, celle de J. LEFEBVRE l'aîné, et celle de LEFEBVRE le jeune.

Xme Imprimeur.

Noble Homme Jean DERVAULT,

Imprimeur du Roy.

Suivant les recherches de M. Du Broc de Seganges, qui croit que c'est un imprimeur de Nevers (1713).

XIe Imprimeur.

Réné PINARDEAU.

1724-1739.

C'est un des imprimeurs auxquels nous ne pouvons rien attribuer faute de traces. Seulement on peut en trouver l'explication dans ce fait que c'était Nicolas Lanquement, d'Orléans, qui s'intitulait imprimeur du clergé nivernais, Mgr Charles Fontaine des Montées étant évêque de Nevers. Née de La Rochelle parle de Nicolas Lanquement dans des termes tels que l'on pourrait supposer que c'est un imprimeur de Nevers.

Voici les ouvrages nivernais que nous connaissons de Nicolas Lanquement, imprimeur à Orléans :

Breviarium insignis ecclesiæ Nivernensis illustrissimi ac reverendissimi D. D. Caroli Fontaine des Montées, episcopi Nivernensis autoritate ed ejusdem ecclesiæ consensu editum, Aurelianis, apud Nicolaum Lanqvement, cleri Nivernensis typographum, 1727.

Missel, in-fo, 1728.

Psalterium, grand in-fo, Aurelianis, Nicolas Lanquement, 1729.

Graduale,   —   —   —   1730.

Antiphonarium insignis ecclesiæ Nivernensis, grand in-fo, apud Nicolas Lanquement, cleri Nivernensis typographum, Aurelianis, 1732.

Louis LEFEBVRE,

Imprimeur du Roy, de Mᵍʳ l'Evêque et de la Ville,

Reçu le 7 septembre 1739.

———

Mémoire judiciaire pour messire François-Réné de Cotignon, chanoine et trésorier de l'Église cathédrale de Nevers, etc., et encore messire Louis-Marie Dollet de Sollières, doyen de la Cathédrale, contre messire Louis Bertin, vicaire perpétuel de la paroisse de Marzy, douze pages grand in-4, 1746.

Eaux minérales de Pougues, par M. D.-L.-R. (Delarue), in-12, 1746.

L'Office de la Semaine-Sainte à l'usage du diocèse de Nevers, in-18, 1751.

Imprime aussi des *Heures,* un *Catéchisme* à l'usage du diocèse, et un petit *Psautier* à l'usage des écoles, ce qui résulte d'une annonce qui termine l'édition ci-dessus de l'*Office de la Semaine-Sainte.*

Mémoire judiciaire pour les sieurs Moreau contre M. Sionest, procureur au parlement, 12 pages grand in-4, 1753.

Almanach à l'usage de la ville de Nevers et de la province de Nivernois, in-32, 1755. — C'est le premier almanach qui ait paru à Nevers.

A'Kempis triumphans de adversariis, dissertation sur le véritable auteur de l'*Imitation,* par Nicolas Denis, 1758.

XIIIme IMPRIMEUR.

Pierre-Louis LEFEBVRE, fils de Louis,

Imprimeur du Roy,

Reçu le 17 juin 1765.

Les Coutumes du pays et duché de Nivernois, in-32, 1772.

Extrait des registres de parlement, 4 p. in-f°, 1766.

Almanach nouveau de la ville de Nevers, 1771, in-32.

Almanach nouveau de la ville de St-Pierre, 1771, in-32 de 36 p.

---

inv. ap. déc.
de Pierre-Louis Lefebvre, 3 août 1780, signalé par M.-Hé
Pozza, "Livre et société XIVe IMPRIMEUR. *à Nevers à la fin du XVIIIe.*
Mémoires de la ### Veuve P.-Louis LEFEBVRE, *Société académique*
Nivernais *Imprimeur du Roy et du clergé Nivernais, 1775-1791.* *t. 68, 1986, p.*

Mémoire sur procès pour le sieur Antoine Perrier, marchand de bois, et le sieur Jacques Challes des Etangs, maître de forges, contre D^{lle} Anne Paichereau, veuve et commune de Me Guillaume Guillemain, notaire, et Me Germain Guillemain de Talon, son fils, avocat en parlement, 49 pages in-4, 1775.

Précis pour dame Anne Paichereau contre le sieur Antoine Perrier, 15 pages in-4, 1776.

Nomina et cognomina illustrissimi ac reverendissimi DD. Episcopi, venerale DD. canonicorum insignis eccl. Nivern. omnium beneficiatorum, aliorumque in eâdem ecclesiâ servientium pro anno Domini 1779. — J'ai trouvé en outre les années 1780, 1782, 1784, 1785, 1786, 1789, 1790.

Almanach nouveau de la ville de Nevers pour l'an de grâce 1779, in-32.

Première édition des *Réglements* des sœurs de la Charité et Instruction chrétienne, in-18, 1782.

Mémoire sur la forclusion (succession de M. le procureur du Roi et du sieur abbé de Faye), sieurs de Tamnay et de Montviel, contre les dames leurs sœurs, 8 pages in-4, 1784.

Mémoire pour dame Marié-Anne Rapine de Sainte-Marie, veuve de Mre de Theillat, demanderesse, contre le sieur Louis-François Rapine de Sainte-Marie, défendeur, 52 p. in-4, 1784.

Ordo divini officii, in-12, 1786.

Almanach Nouveau de la ville de Nevers, in-32, 1788.

Cahier général de la noblesse du bailliage du Nivernois et Donziois, et pouvoirs donnés par elle à ses députés, 32 p. in-8, 1789.

Conseil patriotique relatif aux circonstances actuelles, adressé à tous les Français, et particulièrement au peuple, pour l'éclairer sur ses véritacles intérêts, par un chevalier de St-Louis, 36 p. in-8, 1789.

A Monseigneur le Directeur général des finances, adresse du clergé du Nivernois, 3 p. in-4, 1789.

Lettre pastorale de Mgr l'Evêque de Nevers, 11 p. in-4, 15 novembre 1789.

Adresse du Conseil municipal de Nevers à l'assemblée nationale, 4 p. in-4, 1789.

Adresse du Conseil municipal de Nevers à différentes villes du royaume sur le commerce, 3 p. in-4, 1789.

Ordonnance de M. le Bailli d'épée du bailliage royal du Nivernois, séant à St-Pierre-le-Moûtier, concernant la convocation pour les étatsgénéraux, 8 p. in-4, 20 février 1789.

Placard contenant l'extrait des registres du Conseil d'état, qui casse l'ordonnance du lieutenant-général du bailliage de St-Pierre-le-Moûtier du 20 février 1789, convoquant audit bailliage les trois-états, et enjoignant à tous les sujets des trois-états de se rendre à Nevers, en exécution de l'ordonnance du bailli du Nivernois et Donziois, 2 mars 1789.

Procès-verbal des séances de la chambre de la noblesse lors de la convocation des trois ordres du bailliage du Nivernois et Donziois, pour les états-généraux, 56 p. in-4, mars 1789.

Réglement fait par le roi, concernant les mandats des députés aux états-généraux, 3 p. in-4, 26 juin 1789.

A Messieurs du Conseil général de la commune de Nevers, pétition des maîtres manufacturiers de faïence et porcelaine de Nevers, 16 p. in-4, 1790.

Adresse de la garde nationale de Nevers à tous ses frères du département de la Nièvre, 28 p. in-4, 1790.

Réponse de M. Delavau, président du département de la Nièvre, à MM. les officiers municipaux et de la garde nationale, à l'occasion de la bannière donnée par la commune de Paris, à la fédération du 14 juillet 1790, 3 p. in-4.

Discours adressé au régiment de Royal-Piémont, par M. de Champs du Creuset, présidant le Conseil municipal de Nevers, 2 p. in-4, 9 février 1790.

Moyen de payer en trois mois tous les créanciers de la France, par Bouys, officier de la garde nationale de Nevers, 24 p. in-4, 1790.

Compte présenté par le Conseil municipal de Nevers, 14 p. in-4, 1790.

Lettres-patentes du Roi, sur un décret de l'assemblée nationale, pour la constitution des assembées primaires et des assemblées administratives, 24 p. in-4, 1790.

Instruction de l'assemblée nationale, (même sujet), 32 p. in-4, 1790.

Lettres-patentes du Roi sur un décret de l'assemblée nationale, concernant diverses dispositions relatives aux assemblées de communautés et aux assemblées primaires, 4 p. in-4, 1790.

Lettres-patentes du Roi sur un décret de l'assemblée nationale, du 11 février 1790, concernant la détermination de la valeur locale de la journée de travail, d'après laquelle doit se former la liste des citoyens actifs, 2 p. in-4, 1790.

3

Lettres-patentes du Roi sur un décret de l'assemblée nationale, du 11 février 1790, relatif aux délibérations des assemblées représentatives, municipales et administratives, 2 p. in-4, 1790.

Placard de deux feuilles grand-raisin, donnant la division en districts du département de la Nièvre, 1790.

Opinion de M. Salle, député du département de la Meurthe, sur les événements du 21 juin 1791, prononcée à la tribune de l'assemblée, séance du 15 juillet, 16 pages in-8.

Rapport fait à l'assemblée nationale, en la séance du 30 juillet, sur l'évasion du roi et de la famille royale, 44 pages in-8, 1791.

Opinion de M. Barnave, prononcée à la séance du 15 juillet 1791, 18 pages in-8.

Discours prononcé par M. Dechamps, maire de Nevers, à l'occasion du pacte fédératif général, le 14 juillet 1791, 3 pages in-4.

Proclamation de l'assemblée nationale aux Français, 7 p. in-4, 1791.

Lettre pastorale de l'Evêque de Nevers, Guillaume Tollet, 16 pages in-4, 1791.

Eloge funèbre de Mirabeau, prononcé dans l'église cathédrale de Nevers, par M. Sautereau, procureur-syndic, 14 pages in-4, 1791.

Placard de deux feuilles grand-raisin, vente de biens nationaux ayant appartenu aux dames de La Fermeté, an II (1793.)

XVe Imprimeur,

J. LEFEBVRE l'aîné.

1794-1828.

———

Réclamation du district de Nevers contre le répartement des impôts, 8 pages in-4, 1791.

Pièces relatives à la mission du citoyen Fouché, député par la convention nationale pour ramener le calme et faire triompher le patriotisme dans le district de Clamecy, 16 pages in-4, 1793.

Discours sur la botanique, pour l'ouverture du cours de cette science établi à Nevers, par le citoyen Troufflaux, 76 pages in-8, an II (1794). — Tiré à 300 exemplaires, sur la caisse des riches, par arrêté du représentant du peuple Noël Pointe.

Compte-rendu à la convention nationale, par Noël Pointe, député. — *Aux habitants de Nevers. — Interrogation des détenus. —* Imprimerie républicaine de Lefebvre, an II (1794.)

Rapport sur les principes de morale politique qui doivent guider la convention nationale dans l'administration intérieure de la république, par Maximilien Robespierre, 32 pages in-8, 18 pluviôse an II (1794.)

Extrait du registre des arrêtés du comité du-salut public de la convention nationale (subsistances générales), 20 frimaire an III, 20 pages in-4, 1794.

Rapport sur les clubs et sociétés populaires, fait à la convention nationale par Mailhe, député, 8 pages in-8, 6 fructidor an III (1795.)

Discours prononcé par le citoyen Laurenceot le 7 floréal an III, 20 pages in-8 (1795).

Discours par le citoyen Guillemardet, représentant du peuple, 17 pluviôse an III, 13 pages in-8 (1795).

Constitution de la République française proposée au peuple français par la convention nationale, fructidor an III, 70 pages in-8 *(*1795), imprimé par *les frères* Lefebvre.

Lefebvre le jeune était déjà imprimeur à cette date. Soit défaut de caractères, soit pour accélérer l'impression, les deux frères ont dû y coopérer, ce qui expliquerait cette signature : *Frères Lefebvre.*

Les autorités constituées de Nevers à leurs concitoyens, 12 pages in-4, an III (1795).

Réponse de Chapsal à MM. les jacobins Bompois, Berthiault, Lamy fils et Cie, 12 pages in-4, an III (1795).

Programme sur l'état actuel de l'agriculture du département de la Nièvre et sur l'utilité de l'établissement d'une société d'agriculture, par M. Troufflaux, professeur d'histoire naturelle à l'école centrale de la Nièvre, 29 pages in-8, an V (1797).

Extrait du compte moral et politique de l'administration centrale du département de la Nièvre, depuis le 20 mai 1798 au 9 juillet 1799, 26 pages in-4.

Liste générale des électeurs du département de la Nièvre pour l'an VII, 13 pages in-8, 1799.

Annuaires de Gillet, 1801, 1802, 1803, 1804, 1805, 1806, 1807, 1808, 1809, in-8.

Discours prononcé le 5 floréal an X, en l'église Saint-Cyr de Nevers, à l'occasion de la paix et de la convention avec le Souverain-Pontife, par André Leblanc, prêtre, 15 pages in-8 (1802).

Compliment adressé et remis à Sa Sainteté, le 23 novembre 1804, par M. André Leblanc, curé de Cosne, 4 pages in-4.

Abrégé des preuves de la divinité de la religion catholique, par F. Poullet le jeune, prêtre, in-8, 1807.

Abrégé des preuves de la résurrection de Jésus-Christ, par le même, in-8 (1807).

Relation édifiante de la mort d'un saint prêtre, Jean-François Crétin, 4 pages in-4 (1809).

Mémoire sur la fabrication du fer, par G. Dufaud, 29 pages in-8 (1809).

Chant du 15 août 1811, poésie par M. Piron, 3 pages in-8.

Mes Vacances de 1811, poésie par le même, 7 p. in-8.

Etrennes du 1er janvier 1812, poésie par le même, 3 pages in-8 (1811). La signature de l'imprimeur est ainsi conçue : *Imp. de J. Lefebvre-Serizier.*

Observations sur le commerce de la Nièvre au 1er mai 1814, par G. Roy, 15 pages in-4.

Proclamation de Forbin-Jeanson, chambellan de l'Empereur, chef de légion des gardes nationales de la Nièvre, 17 février 1814, imprimée en placard.

Couplets promis, poésie par M. Piron, 3 pages in-8 (1814).

Etrennes à Aglaé, poésie par M. Piron, , 4 pages in-8, sans date, imp. de Lefebvre-Serizier, rue Saint-Martin.

Etrennes aux dames, poésie par Piron, 4 pages in-4 (1814).

Fête du 14 janvier 1815 dans l'ancien château des ducs de Nevers, poésie par Piron, 4 pages in-4 (1815).

Mandement de Mgr l'évêque de Troyes à l'occasion de l'ouverture des deux chambres, réimprimé par permission spéciale, 8 p. in-4, 1815.

Ode à la science, par Claude Bégat, professeur de belles-lettres à Nevers, 1819.

Vers sur la naissance du duc de Bordeaux, par A. Gaulmier, professeur au collége de Nevers, 4 pages in-8 (1820).

Consultation pour MM. les syndics de la faillite du sieur Imbert fils contre le sieur Imbert père, 16 pages in-4, 1823.

Placard pour une souscription en faveur des Grecs, 1825.

Petit almanach nivernais, précédé d'un discours de Thomas Leriche, vigneron à Pouilly, in-32, 1827.

Recueil de cantiques de la mission, in-12, 1828.

XVIe Imprimeur.

J.-B. LEFEBVRE le jeune,

Fondateur d'une deuxième imprimerie, en 1792, s'intitulant plus tard (1816), imprimeur de la préfecture et des tribunaux, imprimeur de Mgr l'évêque, jusqu'en 1829.

———

Loi relative aux droits féodaux, 4 pages in-4, 6 juillet 1792.

Eloge funèbre des citoyens français morts dans la journée du 10 août, an IV de la liberté (1792), par P. Duviquet, administrateur du directoire du département, 10 pages in-4.

Rapport à la convention nationale de Fouché de Nantes, représentant du peuple, 25 avril 1793, 18 pages in-8.

Réflexions de Fouché de Nantes sur l'éducation publique, 16 pages in-8, 28 mai 1793.

A la convention nationale sur l'odieuse conspiration qu'elle a si habilement déjouée, 3 pages in-8 (sans nom d'auteur ni date.)

Arrêté de Fouché, représentant du peuple près les départements du Centre et de l'Ouest, sur l'exercice des cultes, 4 pages in-4, 1793.

Extrait du registre des délibérations du directoire du département de la Nièvre. — Arrêté sur le recrutement, 12 pages in-4, 1793.

Extrait du procès-verbal du conseil sous la présidence du citoyen Fouché, tenu le cinquième jour de la troisième décade du premier mois de l'an II, 7 pages in-4 (1793.)

Fouché à la société populaire de Nevers, placard sans date.

Placard, extrait du procès-verbal du conseil présidé par Fouché, qui enjoint aux citoyens de porter au comité de surveillance l'or ou l'argent monnayé, en lingots, en vaisselle, en bijoux, etc., sous peine d'être déclarés suspects, 1793.

Discours prononcé à la société populaire de Nevers, le 12 prairial an II, 12 pages in-8, 1794.

L'hypocrisie démasquée par la vérité; l'intrigue déjouée par la loyauté et confondue par la franchise, par Noël Pointe, député dans la Nièvre, an II, 11 pages in-8, 1794.

Ordre de marche pour la fête de l'unité et de l'indivisibilité de la république, an II, 12 pages in-8, 1794.

Arrêt de mort rendu par le tribunal souverain de la raison et de la philosophie, contre les prêtres, s'il en reste encore, par le sans-culotte Mucius Callot, procureur-syndic du district de Nevers, an II, 7 pages in-8, 1794.

Prières patriotiques à l'usage des républicains français, par Tell-Pittet, an II, 7 pages in-8, 1794.

Rpport sur le discours sur la botanique par le citoyen Troufflaux, par Aristide Passot, an II, 12 pages in-8, 1794.

Supplément au compte-rendu le 18 pluviôse an II, à la convention nationale, par Noël Pointe, dans la Nièvre, 26 pages in-4, 1794.

Discours prononcé le 23 thermidor an II, anniversaire de la révolution du 10 août 1792 (vieux style), par Passot, 17 pages in-8, 1794.

Les administrateurs et agent national du district de Nevers à leurs concitoyens, 7 pages in-4, 25 ventôse an II (1794).

Adresse du Conseil du district à ses concitoyens, 13 nivôse an III, 6 pages in-4, 1794.

Discours prononcé par le Maire de Nevers, nivôse an II, à l'occasion de la reddition de Toulon aux armes de la république, 4 pages in-4, 1794.

Taxe des denrées de première nécessité, an II, placard de deux feuilles grand-raisin, 1794.

Tableau du maximum des denrées et marchandises pour le district de Nevers, 24 germinal an II, en placard, 1794.

Tableaux du maximum des papiers, bois et charbons, draps, toiles, fontes et fers, en cinq placards distincts, 1794.

Placard sur les subsistances, 5 vendémiaire an III (1794).

Placard, vente de biens nationaux divers, 2 feuilles grand-raisin, an II (1794).

Rapport fait au nom des comités de salut public et de sûreté générale sur les événements des 11, 12, 13 et 14 vendémiaire an IV, par Philippe-Antoine Merlin (de Douai), 18 pages in-8, 1795.

Discours sur la situation intérieure et extérieure de la République, par Boissy d'Anglas, à la convention nationale, 6 fructidor an III, 32 pages in-8, 1795.

Discours prononcé par le citoyen Laurenceot le 9 floréal an III, 13 pages in-8, 1795.

Le Conseil général de la commune de Nevers à ses concitoyens (caisse de secours pour les indigents), 3 pages in-4, an III (1795).

Procès-verbal de la première séance de la société populaire régénérée de Nevers, 17 pluviôse an III, 19 pages in-4, 1795.

Dénonciation à la convention nationale contre les représentants Goire-Laplanche, Lefiot, Fouché et Pointe, par les corps constitués de Nevers, 19 prairial an III, 19 pages in-4, 1795.

Adresse de la société populaire régénérée de la cité de Nevers à la convention nationale, 2 pages in-4, 1795.

Adresse du Conseil du district de Nevers aux communes de son arrondissement, 5 pages in-4, 17 nivôse an III (1795).

Adresse des citoyens Berthiau, Lamy fils et Bompoys à leurs concitoyens, 23 ventôse an III (1795).

Réponse au libelle diffamatoire publié par Gounot, dirigé contre l'administration du district de Nevers, et plus particulièrement contre Callot, agent national dudit district, 20 pages in-4, an III (1795).

Placard fixant les mesures pour les grains, an III, 1795.

Décret de la convention nationale sur les baux à cheptel, 15 germinal an III (1795).

Placard du district de Nevers sur la valeur d'or et d'argent, 12 ventôse an III (1795).

Almanach Général du département de la Nièvre an VI, in-18, 1797.

Plaidoyer en faveur des prêtres reclus, prononcé en l'audience du tribunal criminel du département de la Nièvre, le 3 pluviôse an V (22 janvier 1797), par André Leblanc, 10 p. in-4.

Déclarations de Duverne-Dupresle *ou* Dunant, annexées au registre secret du directoire exécutif, le 11 ventôse an V (29 février 1797), 25 p. in-4.

Invocation à l'Être suprême pour la prospérité de la république, poésie par Jacquinot, an VII (1799), 8 p. in-8.

- *Couplets* à l'occasion de la double fête du 14 juillet et de la Concorde, célébrée à Nevers, le 25 messidor an VIII, par le citoyen J.-L. Saucède, 4 p. in-8, 1800.

Epître à Adèle, par Antoine Vitullis, an VIII, 5 p. in-8, 1800.

Couplets sur la paix, par Lethuillier, 2 p. in-8, an IX (1801).

Strophes à Bonaparte sur la paix, par les auteurs des *Couplets* adressés au C. Beauharnais et chantés au bal lors de son passage à Nevers, 4 p. in-8, an IX (1801).

Couplets chantés à la préfecture de Nevers, par J.-L. Saucède, 4 p. in-8, an IX (1801).

Strophes sur la paix, par Piron, conseiller de préfecture, 2 p. in-8, an IX (1801).

Stances sur la guerre de la liberté et sur la paix, par le citoyen Varinot, professeur, 8 p. in-8, an IX (1801).

Au citoyen Varinot, sur ses stances pour la publication de la paix, 1 p. in-8, an IX (1801).

Discours prononcé le 18 avril 1802 (an X) en l'église St-Cyr, par Vincent Fion, prêtre, à l'occasion du *Te Deum* pour la fête de la paix de l'église de la France.

Mémoires des actions courageuses du citoyen Louis-Guillaume Brière, imprimés en conséquence des arrêtés du Conseil du département de la Nièvre, du 14 décembre 1791 et 12 janvier 1793. — Imprimé en l'an X, 71 p. in-4, 1802.

Explication des réglements de la Congrégation des sœurs de la Charité et Instruction chrétienne, réimprimé en 1803.

Aurélie ou l'intéressante Orpheline, par Mlle Lévêque, du département de la Nièvre, 2 vol. in-8, 1804.

10 janvier 1807, premier numéro du *Journal hebdomadaire du département de la Nièvre ;* rédacteurs : MM. Sauvageot le jeune et Talbotier, paraissant tous les samedis; on s'abonne chez M. Sauvageot, place Marengo ; 12 fr. pour Nevers, 18 fr. pour le département. — Suivant le vœu du nouveau Code de procédure civile, ce journal donne les annonces, par extrait, de toutes les saisies immobilières sur expropriation forcée ; des séparations de biens, séparations de corps, seulement quant à leurs effets ; de la vente des immeubles, soit de mineurs ou interdits, soit d'héritiers sous bénéfice d'inventaires, soit de successions vacantes qui seront poursuivies devant les tribunaux des quatre arrondissements du département; et l'annonce, par extrait, de toutes les ventes mobilières qui auront lieu dans la ville de Nevers, comme aussi l'annonce de toutes les ventes et baux qui se feront par-devant notaires. Ce journal contiendra en outre des notices sur les sciences, les beaux-arts et l'agriculture. —

J'ai voulu transcrire tout au long le programme de cette feuille périodique, qui est la première tentative sérieuse de publicité par le journalisme à Nevers, tentative probablement infructueuse comme toutes celles qui ont suivi, car je ne trouve aucune mention de numéros suivants.

Jusqu'en 1828, les journaux naissent, meurent et se succèdent assez rapidement avec des interruptions plus ou moins longues.

Essais historiques sur l'effusion continuelle du sang humain par la guerre, par Louis de Saintemarie, 179 pages in-8, 1807.

Exposé d'une maladie éruptive prise pour la petite-vérole chez un enfant vacciné, par MM. Robert l'aîné et Arloing, D. M., 16 pages in-4, 1808.

Construction d'une salle de spectacle à Nevers; réglement, 26 pages in-4, 1809.

Recherches historiques sur Nevers, par Louis de Saintemarie, 1 vol. in-8, 1810.

Ode anacréontique sur la rose, 8 pages in-4, 1811.

Réglement de police intérieure des prisons de la ville de Nevers, 12 pages in-4, 1812.

Almanach général du département de la Nièvre, in-18, années de 1813 à 1829, sans interruption.

Mémoire pour le sieur abbé Morizot, prêtre, contre le sieur Claude-Luc Renault, huissier, 7 pages in-4, 1815.

Couplets chantés le lendemain de l'anniversaire du Roi, 2 pages in-8, 1815.

Anniversaire de la naissance de S. M. Louis XVIII, célébré à Nevers le 17 novembre 1815, relation, 4 pages in-4.

Ydille présentée à S. A. R. Mme la duchesse d'Angoulême, à son passage à Nevers, le 10 juillet 1816, par M. Gounot, 8 pages in-4.

Discours prononcé le 12 mai 1816 par M. le Maréchal de camp, baron Ducasse, à la réception des drapeaux et étendards de la légion de la Nièvre et des chasseurs à cheval de l'Isère. — *Discours* prononcé par M. l'abbé Ducasse dans l'Eglise cathédrale de Nevers, 12 mai 1816, pour la cérémonie et bénédiction desdits drapeaux, 10 pages in-4.

Procès-verbal des cérémonies qui ont eu lieu à Nevers lors du passage de S. A. R. Mme la Duchesse de Berri, 14 pages in-4, 1816.

La Mission de Nevers, poëme, par M. Le Gorgeu, vaguemestre au régiment de cuirassiers du Dauphin, en garnison à Nevers, 18 p. in-4, 1817.

Précis historique de la mission de Nevers en 1817, par M. Languinier, 27 p. in-4.

Cantique pour la fête de St-Louis, chanté le 5 août 1817, au pied de la croix de la Mission, par le chœur des Vierges, 1 p. in-8.

Ydilles sur la mission qui a eu lieu à Nevers, après Pâques de 1817, par F. Gounot, 29 p. in-8, 1818.

Discours de M. le marquis de la Maisonfort, président du Collége électoral du département de la Nièvre, 30 p. in-4, 20 octobre 1818.

A. S. A. R. Mgr le duc d'Angoulême, à son passage à Nevers, le 15 juin 1848, poésie par M. Le Gorgeu, vaguemestre des cuirassiers du Dauphin, 1 p. in-4.

Description d'une manœuvre de cavalerie, poésie et prose par Le Gorgeu, 9 p. in-8, 1818.

Lettre à M. le Préfet du département de la Nièvre sur les vaines pâtures, par Louis de Saintemarie, 10 p. in-4, 1818.

Stances adressées à Madame la Duchesse d'Angoulême à son passage à Nevers, par M. Lyevins, professeur de rhétorique à Nevers, 1818.

Observations sur le traitement de plusieurs anasarques ou hydropisies cellulaires, par M. Guillaume du Cazoy, docteur en chirurgie, à Cercy-la-Tour, 1818.

Ode sur la mort du duc de Berri, par A. Carpentier, 2 p. in-4, 1820.

Mémoire en réponse pour le sieur Gounot, fermier de la verrerie de La Charbonnière, contre les administrateurs des mines de houille et le sieur Lesecq, directeur de cette administration, 21 p. in-4, 1821.

Circulaire donnant la situation de l'établissement des frères des écoles chrétiennes à Nevers, 2 p. in-4, 1822.

J.-François Frebault, le plus ancien médecin de Nevers, à ses concitoyens, 62 p. in-8, 1823.

Discours de M. l'abbé de Damas, ancien doyen de l'église cathédrale de Nevers, à l'occasion de l'installation de Mgr l'Evêque de Nevers, 1823.

Précis de ce qui s'est passé à l'occasion de l'installation de Mgr l'évêque, par M. Languinier, juge, 1823.

Les repentirs d'un français déloyal, élégie, avec épître dédicatoire, par Gabriel Gagne, 1824.

Mandement de Mgr l'Évêque, pour la première visite générale de son diocèse, 1824.

Breve Nivernense, seu ordo officii divini, pro ecclesia Nivernensi, 1824. — *Supplementum Breviarii*, etc., 1824.

Réception à Nevers des dragons du Rhône et du 20° régiment d'infanterie légère, venant d'Espagne, 4 p. in-4, janvier 1824.

Adam Billaud à la nouvelle salle de la ville de Nevers, poésie, 7 p. in-4, 1824.

Catéchisme du diocèse de]Nevers, 1825.

Heures du diocèse de Nevers, 1825.

Projet d'une correspondance à établir pour l'avancement de la météo-rologie, par M. Morin, ingénieur des ponts et chaussées à Nevers, 1826.

Détails du prix de tous les ouvrages de bâtiments, par Pot-Seurrat, architecte, 2 vol. in-8, 1826.

Séance d'ouverture de l'école gratuite des arts, à Nevers, 14 p. in-8, 1826.

Mémoires au sujet d'une correspondance météorologique, par M. Morin, 1827.

Mandement de Mgr l'Évêque pour la publication du jubilé universel de l'année sainte, 86 p. in-12, 1827.

Observations au Conseil municipal sur l'établissement de fontaines publiques à Nevers, par M. le vicomte de Bouillé, maire, 8 p. in-4, 1828.

Epître à Mgr Charles d'Auzers, évêque de Nevers, par M. Barillot, curé de Châteauneuf, 12 p. in-4, 1829.

Résumé analytique pour la ville de Nevers contre M. Luquet, con-seiller à la Cour royale de Lyon, par F. Girerd, avocat, et A. Frebault, avoué, 17 p. in-4, 1829.

Mandements et Instructions pastorales de Mgr Millaux, évêque de Nevers, 1 vol. in-8 avec portrait, 1829.

XVIIᵉ IMPRIMEUR.

L. ROCH.

1796-1822,

Imprimeur de la Préfecture depuis 1810.

L. Roch est le fondateur de cette troisième imprimerie. Il s'installe d'abord à La Charité-sur-Loire et s'intitule : *Imprimeur du district et de la municipalité.* Je n'ai trouvé qu'une seule pièce portant cette signature ; c'est celle qui ouvre la série de ses travaux. Comptant trouver plus de ressources à Nevers, malgré ses deux concurrents, il vient s'y établir dans le cours de la même année 1796.

Mémoire pour le citoyen Louis-Guillaume Brière, propriétaire à Pouilly, contre les citoyens Passot père et fils, Arrivault, Lefebvre, Jean-Nicolas Leblanc et Chailloux ; à La Charité, chez L. Roch, imprimeur du district et de la municipalité, an IV (1796), 109 pages in-4.

Programme pour l'anniversaire, à Nevers, de la fondation de la république le 1ᵉʳ vendémiaire an V, 24 pages in-8, 1796.

Le Questionneur, publication révolutionnaire, paraissant irrégulièrement, format in-8, an V (1797). — Le numéro VIII, portant la date du 8 ventôse an V, se trouve entre les mains de M. Du Broc de Segauges.

Histoire des troubles de Sancerre, 48 pages in-8, tirée à 400 exemplaires par ordre de l'administration centrale du département (sans nom d'auteur, sans date).

Pièce trouvée à Venise dans le portefeuille de d'Antraigues et écrite entièrement de sa main, 18 pages in-8, an V (1797).

Extrait du registre de l'administation centrale du département sur la valeur des assignats et des mandats, 25 thermidor an V, 8 pages in-8, août 1797.

Loi relative aux rentes viagères créées pendant la durée de la dépréciation du papier-monnaie, 13 pluviôse an VI, 8 pages in-8, 1798.

Almanach du département de la Nièvre, in-18, an VIII (1799-1800).

Amusement philosophique, par le citoyen Langlois, C. D. S., missionnaire et desservant de Pougues, in-8, an IX (1801).

Observations sur les eaux minérales de Pougues, par Pillien, D. M., 6 pages in-4, an XI (1803).

Odes à Bonaparte, nommé empereur des Français, par M. H., de Nevers, 15 pages in-8, 1804.

Almanach du département de la Nièvre, in-18, an XIII (1804-1805).

Réflexions du sieur Théodore Bouys, adressées à M. Louis de Saintemarie, concernant son *essai historique* sur l'effusion continuelle du sang humain par la guerre, 8 pages in-8, 1806.

La Bûche de discorde ou le Bal troublé, poésie, par deux écoliers, 4 pages in-18 (sans date).

Appel à MM. les Musiciens de Nevers, poésie par M. Piron, conseiller de préfecture, 3 p. in-8, 1810.— L. Roch, imprimeur de la préfecture.

Epître à Février 1810, poésie, par M. Piron, 3 p. in-8.

Sixième anniversaire du couronnement, poésie, par le même, 4 p. in-8, 1810.

Cinquième chant du 15 août 1810, poésie, par le même, 3 p. in-8.

Journal de la Nièvre, feuille politique, 1810-1811. — J'ai trouvé ce journal mentionné dans quelques pièces, mais je n'ai pu mettre la main sur un seul numéro.

Hommage à Sa Majesté le Roi de Rome, poésie, par Frebault, maître de pension à Nevers, 8 p. in-4, 1811.

Morale et Générosité, étrennes de 1811, poésie par Piron, 3 p. in-8.

Second appel à MM. les Musiciens de Nevers, 17 janvier 1841, poésie par Piron, 2 p. in-8.

Monologue, poésie par Piron, 3 p. in-8 (sans date).

Aux Mânes du maréchal duc de Montebello, poésie par le même, 3 p. in-8 (sans date).

Dialogue entre deux habitants de la campagne, 4 p. in-8 (Cent-jours).

Défense de M. Bonneau-Lestang au tribunal de police correctionnelle, 30 p. in-8, 1822.

Traité des effets de sulfate de chaux, vulgairement plâtre, considéré comme engrais des prairies, par le lieutenant-général Allix, résidant en la commune de St-Léger-des-Vignes, 1822.

XVIIIe Imprimeur.

C.-R. JOUSSELIN

Fonde une quatrième imprimerie en 1798, qui s'éteint presque aussitôt entre ses mains. J'ai trouvé de lui :

Au peuple souverain, poésie, pour la fête du 30 ventôse an VI, 8 pages in-8, 1798.

Constitution de la république française, 23 frimaire an VIII, in-8 de 24 pages, 1799.

XIXme Imprimeur.

ROCH fils

Succède à son père fin 1822-1830.

Je vois figurer *Roch père et fils* en 1829. En 1830, cette imprimerie est transférée par les titulaires à Moulins-sur-Allier.

L'Album de la Nièvre, journal littéraire, critique et des arts, in-8, première livraison mars 1823, onzième et dernière probablement, septembre 1823.

Précis de l'Epizootie ou fièvre muqueuse symptomatique qui règne sur les chevaux, par J. Fonrouge, artiste vétérinaire, 3 feuilles in-8, 1825.

Tablettes hebdomadaires de la Nièvre, par Mme Joseph, in-8, première livraison 1er août 1826, 17e et dernière, 21 novembre 1826.

La Chronique, journal industriel, moral et littéraire, du département de la Nièvre, feuille hebdomadaire ; 39 numéros ont paru, le premier le 1er janvier 1827, le dernier le 1er octobre 1827.

Lettre d'un jeune pair de France aux Français de son âge, par M. le comte de Montalivet, 1 feuille in-4, 1827.

Dialogue sentimental à trois personnages, recueilli et mis en lumière par un rhétoricien, pour l'édification des fidèles, sans nom d'auteur, 1827.

Feuille d'affiches, annonces et avis divers de la Nièvre, devant paraître les jeudis, 1828.

Géographie moderne, par N. Bruandet, 4 feuilles in-8, 1829.

Almanach du Commerce de la Nièvre, pour 1829, 4 feuilles in-12.

Le Cri de la France en 1830, ode, par Ferdinand Ravet, in-8.

Défense présentée par M. Michel, gérant de la *Gazette Constitutionnelle* de l'Allier, à l'audience du tribunal de police de Moulins, le 5 mars 1830, 4 feuilles in-8.

Le Manuel de l'électeur en fonctions, par M. Adolphe Michel, 15 juin 1830, en deux formats, demi-feuille in-folio et demi-feuille in-12.

Un dernier mot aux électeurs, par le même, 1 feuille in-8, 1830.

XXme Imprimeur.

DELAVAU,

*Imprimeur de la Préfecture, successeur de Lefebvre l'aîné;
précédemment imprimeur à Clamecy.*

1828-1834.

Annuaire statistique, administratif et commercial du département de
la Nièvre pour 1829, par Jean-Germain Baudiot, in-12, 1828.

Catéchisme du diocèse, 1828.

Manuel des entrepreneurs de bâtiments, par M. Léger, ancien entrepreneur à Dornecy, 6 feuilles in-18, 1829.

Mémoire à consulter contre : 1° le tribunal civil de première instance
de Nevers ; 2° une chambre de la cour royale de Bourges ; 3° la section
des requêtes de la cour de cassation, pour dol et fraude dans les juge-
ments et arrêts, par Bonneau-Lestang, 40 pages in-4, 1829.

Réflexions sur l'ordonnance du 17 mai, par M. Ad. de Bourgoing,
17 pages in-8, 1830.

Candidature de MM. Dupin et Boigues à la députation, juin 1830,
7 pages in-8.

Un électeur constitutionnel à ses collègues, candidature de MM. Hyde
de Neuville, Dupin et Boigues, 8 pages in-8, juin 1830.

Circulaire du Préfet de la Nièvre et *proclamation* de Charles X aux
électeurs, 4 pages in-4, 13 juin 1830.

Discours de M. Petitier, président du premier collège électoral,
7 pages in-4, 23 juin 1830.

A ceux qui trouvent trop forte l'adresse de 1829, par M. Dupin,
8 pages in-8, juillet 1830.

Discours de M. Dupin jeune, député de la Nièvre, aux électeurs, 8 pages in-8, octobre 1830.

Discours de M. Dupin aîné, député, aux électeurs, 7 pages in-8, octobre 1830.

Candidature de M. de Vertpré à la députation, 8 pages in-8, octobre 1830.

Discours par M. Hector d'Aunay, député, 3 pages in-4, 29 octobre 1830.

Discours par M. Boigues, député, 2 pages in-4, 29 octobre 1830.

A Messieurs les Electeurs, par M. Bonneau-Lestang, 2 pages in-4. octobre 1830.

Id., par M. le comte Jaubert, même date.

Id., par M. Bogne de Faye, même date.

Journal d'annonces légales et judiciaires, 1830. — C'est pour la première fois que je vois apparaître une feuille périodique dans cette imprimerie, originaire de Lefebvre l'aîné. — Non politique d'abord, elle le devient avec le titre de *le Garde national* (septembre 1830) et celui de *Journal de la Nièvre* (décembre 1831), soutenant le gouvernement de Juillet.

Le *Journal de la Nièvre* se métamorphose ensuite, pendant quelque temps, en la *Sentinelle de la Nièvre*, s'intitulant elle-même feuille indépendante, rédigée par M. A. Gauthier, avec la collaboration de M. Touchard-Lafosse.

Triomphe des libertés gallicanes, par M. de Roquefeuil, curé de Marzy, un volume in-8, 1831.

Campagne de Saint-Saulge en 1831, poème en trois chants, 12 pages in-8, 1831.

Discours et professions de foi, élections de juin 1831 pour la députation.— Je trouve : *Discours* de M. Boigues, député, *profession de foi* de M. E. Vivier, *id.* de M. de Vertpré, *circulaire* en faveur de M. Boigues, *profession de foi* de M. Bonneau-Lestang, *id.* de M. Bogne de Faye, *id.* de M. F. Subert.

Voyage aux montagnes du Morvand, par M. Boreau, pharmacien, 4 feuilles in-18, 1832.

Annuaire administratif et commercial 1833, avec une carte du département, par M. Thomas, in-18.

Manuel métrique, par A. Soulages, calculateur, et A. Suard, triangulateur du cadastre de la Nièvre, 22 feuilles in-8, 1833.

L'Annonciateur de la Nièvre, journal judiciaire hebdomadaire, non politique, éditeur-gérant, Norbert Duclos, décembre 1833.

Deux mois après, 6 février 1834, M. Norbert Duclos devenait imprimeur en remplacement de M. Delavau, continuait de faire paraître la *Sentinelle de la Nièvre*, laquelle se transformait le 14 mars suivant, en l'*Écho de la Nièvre*, organe de la préfecture. Pendant quatorze ans, M. Duclos fut, tout à la fois, l'imprimeur-propriétaire-rédacteur-gérant de cette feuille. Le journalisme, à Nevers, avait enfin, non sans peine, trouvé sa voie et un rédacteur habile.

XXIᵐᵉ Imprimeur.

I.-C. LAURENT,

Successeur de Lefebvre le jeune,

Imprimeur de l'Evêché et de la Mairie, 1830-1837.

Aux honnêtes gens de toutes les nuances d'opinion, élections de juin 1830, 4 pages in-4.

Discours de M. le duc de Damas, mêmes élections, 4 pages in-4.

Discours de M. le baron Hyde de Neuville, aux électeurs, 1 page in-4, juillet 1830.

Comptes-rendus au Conseil municipal de Nevers, par M. le vicomte de Bouillé, neuf tableaux in-f°, 1ᵉʳ décembre 1830.

Catéchisme du diocèse, 1831, et éditions subséquentes.

La Petite Ville, journal de Moulins-Engilbert, hebdomadaire, non politique; rédacteurs-propriétaires-fondateurs : MM. Jaubert, notaire, Philippe Thollé, Hippolyte Vincellet, docteur en médecine; premier numéro, novembre 1831. — Combien de temps vécut cette feuille littéraire? Nul n'a pu me le dire : probablement ce que vivent les roses. Cependant un témoin oculaire, que je soupçonne fort d'avoir été complice, m'affirme qu'elle dura trois mois au moins.

Almanach du département de la Nièvre 1831, 1832, 1833, 1834, 35, 36, 37, in-18.

La Gazette du Nivernais, feuille politique légitimiste, déclarée le 1ᵉʳ mars 1831, avec la gérance de M. Ferreul, prenant la qualité d'éditeur en librairie, paraît d'abord une fois par semaine, puis ensuite deux fois sous la rédaction et la gérance de M. Claude Bégat (28 mars 1831); co-propriétaires : MM. le vicomte Albert de Bouillé et Palamède de Raffin. Après un premier procès gagné en cour d'assises, M. Claude Bégat résigne ses fonctions et est remplacé par M. Henry de Clugny (28 septembre 1831). Un deuxième procès est intenté à cette feuille et M. de Clugny, moins heureux que son prédécesseur, est condamné à neuf mois de prison. Etant encore sous les verroux, il est atteint de six autres mois. Les actionnaires se lassaient des amendes à payer au fisc et des dix francs par jour dus par traité au gérant qui paraissait satisfait de cette position. Il fallait à tout prix ne plus s'exposer à de nouveaux mécomptes, et il fut décidé qu'on se débarrasserait de l'ardent rédacteur-gérant en tuant la *Gazette*, qui renaîtrait ensuite sous le titre de *Journal du Nivernais*, avec MM. Paulard, collaborateur-propriétaire, Lecat, rédacteur-gérant (avril 1833), baron de Bar et vicomte de Bouillé, co-propriétaires. Ce journal prit en effet une marche plus pacifique, mais aussi engendra l'indifférence politique, et mourut de consomption le 13 septembre 1835.

Procès de M. Touchard-Lafosse, homme de lettres, contre M. Delavau, gérant et propriétaire de la *Sentinelle de la Nièvre* et imprimeur de la préfecture, 16 p. in-8, 1832.

Étrennes historiques, ou nouvelle méthode simple et facile pour avoir en très-peu de temps une idée nette et exacte de l'histoire de France, par Faiseau-Ducoudray, 1 vol. in-12, 1832.

Notice sur les frères de la doctrine chrétienne, 16 p. in-8, 1832.

Feuilles d'annonces judiciaires et avis divers, non politique, hebdomadaire, 1er numéro, 8 novembre 1832. — Tentative infructueuse.

Petites affiches, feuille hebdomadaire non politique, décembre 1833. — Autre tentative sans résultat.

Géographie moderne, par N. Bruandet, 2e édition, in-8, 1834.

Tableaux classiques, présentant par siècle le résumé de l'histoire générale du moyen-âge et de l'histoire moderne, par N. Bruandet, in-f°, 1836.

Pavage de Nevers, par M. Flamen d'Assigny, 4 p. in-4, 1836.

Recherches et Observations dans l'intérêt des études philosophiques, par J.-N. Claudin, avocat, in-8, 1837.

De l'Enseignement public en France, par N. Bruandet, 14 p. in-8, 1837.

Quelques Observations sur les articles de M. N. Bruandet relatifs à l'enseignement public, par Fabre, 12 p. in-8, 1837.

Réponse à M. Fabre, même sujet, par N. Bruandet, 7 p. in-8.

Casernement de la ville de Nevers, par M. Charles Wagnien, conseiller municipal, 17 p. in-8, 1837.

Profession de foi de M. Ernest de Chaméane, élections 1837, 3 p. in-4.

L'Industriel, feuille non politique, devant paraître deux fois par semaine, 5 janvier 1837. — Prend le titre de *la Nièvre*, 4 mars 1837.

XXIIme Imprimeur.

THOMAS,

Fondateur d'une troisième imprimerie en 1831, place du Château, qui s'éteint presqu'aussitôt. Je ne trouve de lui que :

Annuaire administratif et commercial du département de la Nièvre pour 1832, par Thomas, in-18, 1831.

Par amour pour la vérité historique, je suis contraint d'assigner un numéro d'ordre à M. Thomas comme imprimeur, car enfin il posséda un brevet, des caractères et une presse, uniquement pour mettre au jour l'*Annuaire* ci-dessus. Je ne pense pas qu'il ait imprimé autre chose. Voici dans quelle circonstance la création de cette troisième imprimerie eut lieu : M. Delavau, imprimeur, éditait l'*Annuaire* de M. Thomas, en concurrence avec l'*Almanach*, fort ancien déjà, édité par M. Laurent. Survint un arrangement entre les deux confrères, par lequel, moyennant dédommagement, M. Delavau renonçait à imprimer l'*Annuaire* de M. Thomas. Mais en même temps M. Delavau cédait à ce dernier un brevet qu'il avait en poche je ne sais comment, lui prêtait des caractères, une presse, un ouvrier, et l'*Annuaire* continuait de paraître en 1832. M. Laurent réclama contre cette mauvaise foi et obtint gain de cause et des dommages-intérêts. Le caractère, la presse et le brevet furent réintégrés chez M. Delavau. Plus tard, nous voyons apparaître encore ce brevet sans emploi, devenu la propriété de M. Duclos, qui le vendit fort cher à M. Lacoche.

XXIIIme Imprimeur.

Norbert DUCLOS,

Successeur de Delavau.

1834-1840.

DUCLOS et FAY,

1840-1843.

Imprimeurs de la Préfecture.

━━━━━━

La Sentinelle de la Nièvre (suite), feuille politique paraissant deux fois la semaine; rédacteur-gérant-propriétaire, M. Norbert Duclos (6 février 1834). Un mois après (14 mars 1834), elle prend le titre de l'*Echo de la Nièvre*, et devient hebdomadaire seulement; reparaît deux fois la semaine (9 juin 1834); cesse d'être politique (12 novembre 1836); redevient politique le 17 janvier 1837; paraît trois fois la semaine (2 février 1840); prend le titre de *Journal de la Nièvre* après février 1848. M. Duclos n'en abandonne la rédaction que deux ans après, environ.

A MM. les électeurs de l'arrondissement de Nevers, M. L. Boigues, député, 2 pages in-4, 1834.

Professions de foi de MM. F. Subert, Denys Benoist d'Azy, de Vertpré, 1834.

Biographie contemporaine, notice sur Charles X, par P. de Champrobert, in-8, 1835.

Description d'objets d'art attribués aux Celtes, trouvés dans la commune de Chevenon, par Auguste Grasset, 14 pages in-8, 1835.

Notice sur l'origine des bas-reliefs placés le 15 juillet 1835 dans l'église de La Charité-sur-Loire, par Auguste Grasset, 11 p. in-8, 1835.

Notice sur M. Dupin (extrait du *Dictionnaire de la Conversation*), 62 pages in-8, 1835.

Mélanges biographiques, par Paulin de Champrobert, in-8, 1836.

Les Blancs et les Noirs, par le même, in-8, 1836.

Sciences naturelles et historiques, par B. T., 18 pages in-8, 1836.

Annuaire du département de la Nièvre, par N. Duclos, 1836, 1837, 1838, 1839, 1840, 1841, 1842, 1843.

Rapport sur le pavage de Nevers, par M. Mossé, ingénieur, 23 pages in-8, 1836.

Rapport au Conseil général de la Nièvre, par M. Auguste Grasset, inspecteur des monuments historiques du département de la Nièvre, 8 pages in-8, 1836.

Professions de foi pour la candidature à la députation de MM. Denys Benoist, de Vertpré, Th. Gestat, Manuel aîné, 1837.

Candidature de M. de Vertpré pour le Conseil général, 1837.

Circulaire de M. P. de Raffin sur l'école des frères, 2 pages in-4, 1837.

Le comte d'Artois, par M. de Champrobert, 30 feuilles in-8, 1837.

Recueil de prières, par M. l'abbé Simonin, 17 feuilles in-18, 1837.

Souvenirs du bon vieux temps, par M. Jaubert, 4 feuilles in-18, 1837.

Le Nivernois, album pittoresque et historique, renfermant de nombreuses lithographies, par MM. Morellet, Barat et Bussière, 2 volumes in-4, 1838.

Lettre à M. de Varannes sur les antiquités d'Autun, par Pierquin de Gembloux, 24 pages in-8, 1838.

Lettre sur le mont Beuvraich, par le même, 24 pages in-8 (sans date).

Lettre d'un électeur en faveur de la candidature à la députation de

M. Benoist, en remplacement de M. Boigues, décédé, 3 pages in-4, décembre 1838.

Candidature à la députation de MM. Aug. de Champs, Manuel, de Raigecourt, 1838.

Catéchisme de persévérance, par M. l'abbé Gaume, 8 volumes in-8, 1838.

Souvenirs de Grèce, par M. Grasset, 8 feuilles in-12, 1838.

Le Conscrit, poème, par A. Duvivier, in-8, 1839.

Lettre à Mgr l'Evêque sur un musée catholique du Nivernais, par M. Pierquin de Gembloux, 34 pages in-8, 1839.

Galerie classique ou Logogriphes historiques, moraux et religieux, par une société de demoiselles, 1 volume in-8, 1839.

Compte-rendu de M. Manuel député, 2 pages in-4, 1839.

Circulaire aux électeurs en faveur de la candidature de M. Manuel, signée : Pellecier, Lerasle, Avril, Desveaux, Ch. Wagnien, Lestang, Jules Lefebvre, Mérijot-Coudereau, Achille Jacquinot, Renaudin, Ch. Boucher, Alphonse Bonabeau, David aîné, J. Frebault, Perrony, Rigondet, 3 pages in-4, 1839.

Candidature de M. Auguste Dechamps en opposition à celle de M. Manuel, 1 feuille in-folio d'une part; d'autre part, 2 pages in-4, et d'autre part, 4 pages in-4, 1839.

Une voix du Morvand, poésie, par A. Duvivier, 1 volume in-8, Duclos et Fay, 1840.

Notice historique sur Lazare Hoche, par P. de Champrobert, in-18, 1840.

Histoire de la chartreuse d'Apponay, par A Duvivier, in-8, 1840.

Notice sur les noces de campagne dans le Morvand, par A. Duvivier, in-8, 1840.

Extrait de l'Echo de la Nièvre, 31 mai 1840, sur *Marie ou sept tableaux de la vie d'une femme* par M. Amédée du Leyris, par A. Duvivier, 4 pages in-8, 1840.

Histoire du port du Hâvre, par M. Frissard, ingénieur en chef à Nevers, 1 feuille in-8, 1840.

Le Guet du Diable, poésie par H. Guérin, 2 f. in-8, 1841.

Arrestation de Louis XVI, par G. Neveu-Lemaire, substitut du procureur du roi à Nevers, 39 p. in-8, 1841.

Inauguration du bief de partage du canal du Nivernais, in-8, 1841.

Notice sur la vie de M. l'abbé Imbert, par un de ses anciens vicaires (M. l'abbé Lebrun), 1 vol. in-8, 1841.

Eloge de Gabriel Brotier, par A.-N. Fabre, 15 p. in-8, 1841.

Notice sur les Amognes, par Ant. Duvivier, in-8, 1841.

Réflexions sur le départ de Nevers de la sœur Dorothée, 1 feuille in-8, 1841.

Archives de Nevers ou inventaire historique des titres de la ville, par Parmentier, précédé d'une préface par A. Duvivier, 2 vol. in-8, 1842.

Excursion géologique dans le Morvand et visite de ses granits en cours d'exploitation, par P. de Champrobert, in-8, 1842.

Notice biographique sur Ed. Bussière, par A. Duvivier, in-8, 1842.

Notice historique sur Decize, par F. Girerd, 115 p. in-8, avec lithographies par Bussière et L. Clément, 1842.

Traité sur les maladies des bêtes à cornes, traduit de l'anglais, par M. Duverne, 15 f. in-12, 1842.

Journal d'agriculture du département de la Nièvre, paraissant mensuellement, et précédemment sous le titre de *Bulletin* de la société centrale d'agriculture, in-8, 1842.

Lucile ou le premier amour, 1/2 f. in-8, tirée à 25 exemp., 1842.

Les Anges Gardiens, par Mme la comtesse de Choulot, 10 vol. in-18 de 6 feuilles chacun, 1842.

Plaidoiries burlesques, 2 f. in-4, tirées à 100 exemp., 1842.

Esquisse sur la législation criminelle, 4 f. in-8, 1842.

Études militaires, 11 feuilles in-12, 1842.

XXIVme Imprimeur.

Jacques PINET,

Successeur de I.-C. Laurent,

Imprimeur de l'Évêché et de la Mairie, 1837-1842.

———

Le *Mémorial de la Nièvre,* feuille politique, paraissant deux fois la semaine (14 décembre 1837), cesse d'être politique le 15 novembre 1838; redevient politique le 5 décembre 1838, avec la régence de M. Silvain Niel; n'est plus qu'un journal littéraire et commercial le 5 septembre 1839, et meurt quelque temps après.

Publius Virgilius Maro, annoté par J. Pinet, 1 volume in-12, 1838.

Poëme inédit sur le bonheur, par l'abbé Barillot, curé de Châteauneuf, 45 pages in-8, 1838.

Histoire de l'amour, par l'abbé Simonin, deux éditions, l'une de 16 feuilles in-12 et l'autre in-8, 1838.

Jésus parlant au cœur des enfants de Marie, par l'abbé Simonin, 5 feuilles in-32, 1838.

Almanach de la Nièvre, 1838, 1839, 1840, 1841, 1842, in-18.

L'Association, feuille politique de l'opposition (1838), paraissant deux fois par semaine; M. François Lacoche, gérant, Claude Tillier, rédacteur en chef. La gérance légale passe ensuite entre les mains de Alexandre Tillier.— Cette feuille a été sans contredit l'adversaire le plus rude qu'ait eu à combattre le journal de la préfecture, l'*Echo de la Nièvre.* Le talent remarquable de Claude Tillier comme écrivain et pamphlétaire, le patronage de M. Manuel, député de l'opposition, réélu indéfiniment, la collaboration des hommes les plus influents, les plus actifs, les plus remuants de la bourgeoisie et du barreau, donnèrent à cette feuille un attrait et un relief que ne contribua pas peu à faire ressortir encore le mérite incontestable de M. Norbert Duclos, chargé de la riposte et de la défense du gouver-

nement. Ce fut le bon temps de la liberté de discussion et du journalisme à Nevers, et comme un écho des joûtes et des luttes parlemen-
taires de cette époque.

Chansons dédiées à P. J. de Béranger, par Amédée du Leyris,
nouvelle édition, in-8, 1839.

Compte-rendu, par M. Manuel député, 10 pages in-8, 1839.

Circulaire aux électeurs par M. Hector de Sonnier, 3 p. in-4, 1839.

Souscription volontaire en faveur de l'église Saint-Aré de Decize,
2 pages in-8, 1839.

Miroir du chrétien et de l'impie, 3 feuilles in-8, 1839.

La paix ou la guerre, par Victor Considérant, 2 feuilles 1/2 in-8,
édité par M. Plainchant, ingénieur retraité à Decize.

Analyse des épîtres de Saint-Paul, par un directeur de séminaire à
Nevers, 2 volumes in-12, 1839.

Dictionnaire historique de Feller, revu par l'abbé Simonin, devant
former 4 volumes in-8, de 40 feuilles chacun, déclaré le 9 décembre
1839. — Premier volume déposé le 3 avril 1841, seulement.

Les Légistes Nivernais, par J.-N. Morellet, 18 pages in-8, 1840.

Marie ou sept tableaux de la vie d'une femme, par Amédée du Leyris,
in-8, 1840.

Compte-rendu par M. Manuel, député, pour la session de 1840, 28
pages in-8.

Opinion de M. B.-L, ancien président du comité consultatif d'agriculture, sur la libre introduction des bestiaux étrangers en France, 1840.

Mémoires d'un condamné politique, par Monnier, inspecteur de la
navigation à Nevers, 22 feuilles in-8, deuxième édition, 1840.

Le petit Guide Nivernais, ou Almanach des mille et une adresses, pour
1842, sans nom d'auteur, édité par J.-B. Boyau, libraire, 4 feuilles
in-16, 1841.

Trois coups de fouet, poésie, par Amédée du Leyris, 16 p. in-8,
1841.

Compte-rendu par M. Manuel, député, pour la session de 1841,
28 p. in-8.

Plaidoyer de M. Bonneau-Lestang, appelant d'un jugement du tribunal civil de Nevers, contre le sieur Norbert Duclos, rédacteur-gérant de l'*Echo de la Nièvre*, in-4, 1841.

Description de la villa romana et de la mosaïque découvertes à Villars, près Biches en Bazois, avec deux lithographies, par M. Ferdinand Wagnien, avocat, in-8, 1841.

Lettres au système électoral, sur la réforme, par Claude Tillier, précédées d'une lettre de Timon à l'auteur, 4 f. in-12, 1841.

Tableau chronologique synoptique de l'histoire du Nivernais et du Donziais, en rapport avec l'histoire ecclésiastique et l'histoire de France, par M. l'abbé Crosnier, curé de Donzy, placard de 4 feuilles grand-raisin, 1841.

Poésies de maître Adam Billaut, 1 vol. in-8, 1842.

Appendice à cet ouvrage, in-8, 1842.

XXVe Imprimeur.

F. LACOCHE,

Fondateur d'une troisième imprimerie , 1841-1842.

Puis, veuve LACOCHE, en 1843.

Contes et Nouvelles, sans nom d'auteur , in-8, 1841.

Revue de la Nièvre, politique, industrielle et littéraire, 1 volume in-8 de 30 feuilles, 1842.

Un voyage à Decize, onzième Nivernienne, par Hippolyte Guérin, 16 pages in-8, 1842.

La Croix de la Feuillée, légende Nivernaise (Morvand), par Hippolyte Guérin, 16 pages in-8, 1842.

Notice biographique sur M. A. Charma, par Antony Duvivier, in-8, 1842.

Réponse de M. Ch. Wagnien, ancien négociant, à un mémoire publié par M. Avril, président du tribunal de commerce de Nevers, 24 pages in-4, 1842.

Calendrier de la Nièvre, 1842, in-18.

Manuel théorique et pratique du magnétisme, par M. de Courteix, 2 feuilles in-18, 1842.

Le Courrier de Nevers et du département, feuille hebdomadaire non politique, format in-folio d'abord, puis in-4, 1842-1843.

Catéchisme du diocèse de Nevers, 4 feuilles in-18, 1842.

Lettre de M. Gautherin, sous-préfet, à M. Miot, conseiller municipal, et *Réponse* de M. Miot à M. Gautherin, 3 pages in-4, 1842.

Mémorial de la petite session, par M. Bonneau-Lestang, 4 feuilles in-8, 1843.

XXVIe Imprimeur.

C. SIONEST,

Successeur de J. Pinet, Imprimeur de la Mairie.

1842-1846.

Le titre d'*Imprimeur de l'Evêché* inhérent à cette imprimerie depuis sa création par Lefebvre le jeune en 1792, est retiré à M. Sionest par suite des *Pamphlets de Claude Tillier*, auquel il persiste à prêter ses presses, malgré plusieurs injonctions.

L'Association (suite), feuille politique de l'opposition, rédacteur en chef, Claude Tillier ; gérant, Alexandre Tillier ; 18 mars 1843, Claude Tillier, rédacteur-gérant ; cesse d'être politique le 1er avril 1843.

Discours de M. Manuel, député, après son élection du 10 juillet 1842, 12 p. in-8.

Examen de quelques questions de taxes judiciaires, par H. Durand, avoué à Nevers, 15 p. in-8, 1842.

Le Petit Guide Nivernais pour 1843, édité par J.-B. Boyau, libraire, 3 feuilles in-18.

Almanach de la Nièvre, Archives départementales, 1843, 44, 45, 46, in-18.

César et le Morvand, par Antony Duvivier, conservateur des Archives de la ville de Nevers, in-8, 1843.

Pamphlets de Tillier, au nombre de 24 pour la première série, paraissant irrégulièrement de 1843 à 1844, in-8.

M. Nolens et M. Volens, par Claude Tillier, 8 feuilles in-8, 1843.

Pamphlets de Tillier, deuxième série au nombre de 12, paraissant irrégulièrement de 1844 à 1845, in-8.

5

Un mot sur la loi de la chasse, par S. Legay, maître d'école à Saint-Saulge, in-12, 1844.

De la nécessité de réviser la loi sur les ventes judiciaires des biens immeubles, par Hip. Durand, 31 p. in-8, 1845.

Ma Conversion, chanson, par Jaubert aîné, 3 p. in-8, 1845.

Œuvres complètes de Claude Tillier, 4 vol. grand-in-18, 1846.

L'Union de la Pologne et de la France, chanson dédiée à M. Gastowt, officier polonais, à l'occasion de son mariage, par Jaubert aîné, 4 p. in-8, 1846.

A moy Morvan ! chanson par le même, 4 p. in-8, 1846.

Souvenirs de Vittoria et de Pampelune, poésie, par Duprilot, D. M. P., 39 p. in-8, 1846.

Coup-d'œil sur le Nivernais, par F. Wagnien, avocat, 34 p. in-8, (sans date).

Œuvres poétiques du père Jean, 10 feuilles in-8, 1846.

XXVIIe imprimeur.

I.-M. FAY,

Successeur de Norbert Duclos,

Imprimeur de la Préfecture et de l'Evêché.

1843.

L'*Echo de la Nièvre* (suite), feuille politique paraissant trois fois la semaine, défendant le gouvernement de juillet 1830; rédacteur-gérant, M. Norbert Duclos.— Devient, en février 1848, *le Journal de la Nièvre*, sous la gérance de M. Fay; M. Duclos en abandonne la rédaction en 1849.

Catéchisme à l'usage du diocèse, in-18, 1843 et éditions subséquentes.

Nouveau Mémoire sur la ville gallo-romaine près Saint-Révérien, par J. Boniard, 1 volume in-12, 1843.

De l'organisation de l'instruction primaire, par A. Duvivier, in-8, 1843.

Mandatum illustrissimi ac Rev. D. D. episcopi Nivernensis de sacramento pœnitentiæ et casibus reservatis, 22 p. in-12, 1843.

Extinction de la mendicité, par M. Avril, 58 pages in-8, 1843.

De l'extinction de la mendicité dans la Nièvre, par N. Duclos, 33 pages in-8, 1843.

Œuvre de la Providence des orphelines, réglement par Mgr Dufêtre, 8 pages in-8, 1843.

Opinion d'un membre de la commission de l'extinction de la mendicité, volume de 4 feuilles in-8, 1843.

Réglement des sœurs de la charité et instruction chrétienne, 8 feuilles in-18, 1843.

Annuaire de la Nièvre, grand in-18, 1844, 1845, 1846, 1847, 1848, (ne paraît pas en 1849), 1850, 1851 et années suivantes.

Armorial de l'ancien duché de Nivernais, par M. le Cte G. de Soul-trait, in-12, 1844.

Esquisses archéologiques des principales églises du diocèse de Nevers, par l'abbé Bourassé, 1 volume in-8, 1844.

L'art de s'enrichir par l'agriculture, par Henri Pellault, in-8, 1844.

Mémoire en faveur des travailleurs et des indigents de la classe agri-cole, par M. A. de Bourgoing, in-8, 1844.

Ordo divini officii, juxta ritum Breviarii ac Missalis Parisiensis, 1844, 1845, 1846 et années subséquentes.

Voyage de Pie. VII, 3 feuilles in-12, 1844.

Les Orphelines, poésie par Edouard Rey, 4 pages in-8, 1844.

Géographie du département de la Nièvre, par Lhospied, instituteur primaire, in-18, 1845.

Considérations sur la diminution de valeur et la dépréciation des bois dans la Nièvre, par M. Regnault de Savigny, 31 p. in-8, 1845.

Rituale Nivernense, in-12, 1845.

Opposition constitutionnelle, 5 feuilles in-4, 1845.

Géographie du département de la Nièvre, par A. Duvivier, institu-teur, in-18, 1846.

M. Paultre, notaire à Nevers, à M. Thomas, directeur du *Moniteur des eaux et forêts,* 12 pages in-4, 1846.

Rapport de la Commission d'enquête de Nevers sur les deux tracés comparatifs du chemin de fer du Centre, l'un par la vallée de l'Allier, l'autre par les vallées de la Loire et de l'Abron, avec carte lithographiée, 42 p. in-4, 1846.

Appel à tous sur les moyens de procurer du travail aux ouvriers et des secours aux indigents, par M. A. de Bourgoing, in-18, 1846.

Géodésie des forêts, un volume in-18, 1846.

Résumé des conférences ecclésiastiques du diocèse de Nevers, 5 feuilles in-8, 1846.

Notice biographique sur M. l'abbé Groult, vicaire général de Nevers, par M. l'abbé Lebrun, deuxième édition, in-8, 1847.

Question du libre-échange, par J.-B. Avril, 100 p. in-4, 1847.

Précis pour la chambre des huissiers de l'arrondissement de Nevers contre la chambre des avoués, 26 pages in-4, 1847.

Principes généraux de complabilité agricole, 1 volume grand in-8, par J.-B. Avril, 1847.

Statuts et ordonnances du diocèse de Nevers, première partie, 3 f. in-8, 1848.

La France, les Elections, l'Assemblée nationale, par M. de Maizières, in-8, 1848.

La véritable égalité, par le même, in-8, 1848.

Dix têtes du peuple pour une tête de noble ou de prêtre, par M. de Maizières, in-8, 1848.

Le Peuplier et autres chansons nouvelles, par L.-B. Rérolle, natif de Nevers, in-8, 1848.

De la propriété, sans nom d'auteur, 23 p. in-8, 1848.

Rapport sur le comptoir national d'escompte de Nevers à M. le Préfet du département de la Nièvre pour la session du Conseil général, novembre 1848.

Ulysse Pic aux républicains, 2 p. in-f°, mars 1848.

Statuts de la Société de Saint-François-Xavier, une feuille in-12, 1848.

Proclamation et installation de Louis-Napoléon-Bonaparte, président de la République, une feuille ornée de portraits et symboles, décembre 1848.

Fables et quatrains pour l'instruction de la jeunesse, par M. l'abbé Hurault, 1849.

Abrégé de toutes les vérités et de tous les devoirs de la religion, mis en vers, par le même, un volume in-16, 1849 ; autre édition en 1854.

Le Napoléonien, journal des électeurs de la Nièvre, paraissant trois fois par semaine ; rédacteur : M. Norbert Duclos ; gérant : M. Desreaux, (25 avril 1849); cesse de paraître le 13 mai suivant, jour des élections à la représentation nationale.

Procès-verbal du synode diocésain, sous la présidence de Mgr Dufêtre, les 11, 12 et 13 juillet 1849, 24 p. in-4.

Choléra-Morbus asiatique, par M. Gastowt, in-8, 1849.

Discours de M. l'abbé Demoné, prêché en l'église cathédrale, in-8, 1849.

Chances électorales, histoire véridique ou fantastique, par M. Avril, 4 p. in-4, 1849.

Musée archéologique du département de la Nièvre ; noms des donateurs et des objets donnés du 15 octobre 1849 au 15 octobre 1850, par M. Gallois, 24 p. in-8, 1850.

Alphabet contenant, sur un plan nouveau, la méthode de lecture, etc., par J.-F. Federici, théorie et pratique, 2 f. in-18, 1850.

Mélanges littéraires, par Mlle Elisa Chevalier, 1 vol gr^d-in-18, 1851.

Voyage à Canton, correspondance d'un élève de marine (G. de Saint-Phalle), 63 p. in-8, 1851.

Loterie des lingots d'or, lettre d'un philosophe qui a mis à cette loterie, 1/2 feuille in-8, 1851.

Tableaux de lecture, par M. Federici, 1851.

Entretiens moraux et récréatifs, par M. Federici, inspecteur des écoles primaires, 2 f. in-18, 1852.

Bulletin de la Société Nivernaise des lettres, sciences et arts, grand-in-8°, années 1852-53, 1854-55 ; tom Ier, 30 feuilles ; tom II, 27 f.

Salon de 1852, par Eugène Loudun, 1 feuille in-18.

Notice sur les eaux de Saint-Parize-le-Châtel, par Maurice Gastowt, in-8, 1852.

Le scheptel simple ou les caisses agricoles, par de Bacq, in-8, 1852.

Notice historique sur l'église et le prieuré de Saint-Étienne de Nevers, par M. l'abbé Crosnier, in-8, 1853.

Mémoire sur la reproduction naturelle des sangsues, par A. Boudard, pharmacien-chimiste, in-8, 1853.

L'inaugurato Impero per l'augusta imperial Maestà di Napoleone III, par Federici, 8 p. in-8, 1853.

Souvenirs de la Saint-Napoléon, par Jaubert aîné, in-8, 1853.

Esquisses autographiques et biographiques, par C.-Noël Lefèvre, 1 vol. in-8, 1853.

Petit catéchisme du diocèse, 1853 et éditions subséquentes.

Le Morvand ou Essai géographique et historique sur cette contrée, par M. J.-F. Baudiau, curé de Dun-les-Places, 2 vol. in-8, 1854.

La Prière, poésie, par M. Augé, 4 p. in-8, 1854.

Musée départemental. Collection archéologique, céramique, numismatique, etc.; noms des donateurs et description des objets donnés du 25 octobre 1852 au 25 octobre 1853, 12 p. in-8, 1854.

Notice historique, par Méchins-Desquins, 1 feuille in-8, 1854.

Notice sur la Visitation de Sainte-Marie, par M. l'abbé Crosnier, 8 p. in-8, 1854.

Saint-Gildard et les Sœurs de la Charité de Nevers, par M. l'abbé Crosnier, 6 feuilles in-8, 1854.

Statuts, ordonnances, lettres pastorales, circulaires, seconde partie, 9 feuilles in-8, 1854.

Monographie de la Cathédrale de Nevers, par M. l'abbé Crosnier, 28 feuilles in-8, 1854.

Rapport du comité départemental de la Nièvre sur les exposants admis à l'exposition universelle de 1855 (industrie), 74 p. in-4; (agriculture) 38 p. in-4.

Essai poétique sur l'art de boire, par Jaubert aîné, 1 feuille in-8, 1855.

Etude du métayage, par Fauveau, 3 feuilles in-4, 1855.

Promenade archéologique à Saint-Benoît, par M. l'abbé Crosnier, in-8, 1855.

Résumé des conférences ecclésiastiques du diocèse de Nevers, année 1854, 4 f. in-8, 1855.

Mémoire sur l'organisation du crédit, par H. Durand, 3 f. in-8, 1855.

La Fête des Rois ou l'Invitation, par M. de Courvol, in-18, 1855.

De l'assistance et de l'extinction de la mendicité, par M. A. de Magnitot, grand-in-8, 1856.

L'Enfant de la France, par Jaubert aîné, 4 p. in-4, 1856.

Notice sur des poésies anciennes, p. M. de Rosemond, 2 f. in-4, 1856.

Contes sous la tente, par F. Pittié, 3 feuilles in-8, 1856.

Simples idées, essai poétique, par Léon-Michel Desfossé, in-8, 1856.

Obsèques de M. Jacques-André Manuel, sénateur, demi-feuille in-4, 1857.

Maria, nouvelle, par de Sainte-Foy, 1 f. in-8, 1857.

Croisade prêchée à Nevers au XVIIe siècle, et fondation de l'ordre de l'Immaculée-Conception, par M. l'abbé Crosnier, 5 f. in-8, 1857.

Exposé de l'origine et de l'administration de la grande voirie, par M. Peigue, 4 feuilles in-18, 1857.

Histoire des assemblées représentatives en France, par M. Hippolyte Durand, 1 feuille in-8, 1857.

Relation des fêtes du 30 avril, par Mgr Crosnier, 7 feuilles in-8, 1857.

Pétition des avoués de la Nièvre au Sénat, sur la proposition de M. le baron de Crouseilhes, touchant la réduction des frais de justice, par M. Durand, 3 feuilles in-4, 1857.

Poésies de François Rouget, 8 feuilles in-8, 1857.

Notice sur M. Arnaud de La Ronzière, par M. Peigue, 1 feuille 1/2 in-18, 1857.

Stances sur la mort de Béranger, 4 pages in-8, par Jaubert aîné, 1857.

La Lieutmer, par le même, 2 feuilles in-18, 1857.

Droits et priviléges de la commune de Nevers, par M. Crouzet, professeur d'histoire au collège de Nevers, grand in-8, 1858.

Inauguration du lac des Sétons, 2 feuilles in-8, 1858.

Hagiologie nivernaise ou vies des saints et autres pieux personnages qui ont édifié le diocèse de Nevers par leurs vertus, par Mgr Crosnier, 39 feuilles in-8, 1858.

Le Mendiant de Nicolas de Brakespeare et ses deux compagnons, 1 feuille in-8, tirée à 20 exemplaires seulement, 1858.

Rapport à M. le Préfet sur l'industrie et le commerce, par M. Alexis Frebault, 2 feuilles in-4, 1858.

Notre-Dame de la Pierre-qui-Vire, 1 feuille in-8, 1858.

Epître à propos du comice agricole de Moulins-Engilbert, par Jaubert aîné, 1 feuille in-8, 1858.

Bénédiction et pose de la première pierre de l'Hôtel-de-Ville de Clamecy, in-8, 1859.

Dernier mot sur le coq superposé à la croix, par Mgr Crosnier, in-8, 1859.

Notice historique sur Coiffy-le-Haut, par Adolphe Bonvallet, 4 feuilles in-8, 1859.

Marguerite, par P. Dargeu, 4 feuilles in-8, 1859.

Mandements et circulaires de Mgr Dufêtre à son clergé, de 1843 à 1860, in-4.

Le livre de Jeanne, par P. Dargeu, 9 feuilles in-8, 1860.

Mémoire sur l'institution du notariat, par M. Gourgeois, 8 feuilles in-8, 1860.

Dictionnaire géographique de la Nièvre, par M. Paulin Fay, 8 feuilles in-8, 1860.

Remarques sur la terre à foulon et les poudingues tertiaires, par Th. Ebray, 1 feuille in-8, 1860.

Mémoire de la commune de Fertrève sur la dissolution de la commune de Fleury-la-Tour, par le marquis de Veyny, 1 feuille in-4, 1860.

Eloge funèbre de Mgr Dufêtre, par S. Em. le cardinal Donnet, 1 feuille 1/2 in-8, 1860.

Notice nécrologique et funérailles de Mgr Dufêtre, par Mgr Crosnier, 3 feuilles in-8, 1860.

Traité élémentaire d'enregistrement et de timbre, par Charles Géraud, premier commis à la direction de Nevers, 40 feuilles in-8, 1861.

A la mémoire de Mgr Dufêtre, par M. Moreau de Charny, 1/2 feuille in-8, 1861.

Chaulage du Morvand, par F. Wagnien, 1 feuille in-8, 1861.

Mandement de Mgr Forcade à l'occasion de son entrée dans son diocèse, 1 feuille 1/2 in-4, 1861.

Essai géographique et historique sur la bataille Catalaunique (21 juin 451), par Henri Crouzet, 1 feuille in-8, 1861.

Notice sur le général Auger, par M. Grasset aîné, 1 feuille in-8, 1861.

Lettre de M. le marquis de St-Phalle, par M. Jolivet, demi-feuille in-4, 1861.

Pour les victimes de l'ouragan du 22 juin, poésie, 1/2 f. in-4, 1861.

De l'assistance en province, par M. A. de Magnitot, 20 f. in-8, 1861.

Note sur la dislocation et l'annexion de Fleury-la-Tour à une autre commune, par le marquis de Veyny, demi-feuille in-4, 1861.

Bois communaux. — Examen critique et défense des droits des habitants de la ville de Lormes sur les bois des anciens seigneurs, par F. Wagnien, 2 feuilles in-8, 1861.

Association générale de prévoyance et de secours mutuels des médecins de France, société locale du département de la Nièvre, 1 feuille 1/2 in-8, 1861.

Guide théorique et pratique des agriculteurs, par Robin, 20 feuilles in-8, 1861.

Réponse au libelle du propriétaire de Narvaux, par F. Wagnien, 1 feuille in-8, 1861.

Oraison funèbre de Mgr Dufêtre, par M. l'abbé Cortet, 1 feuille 1/2 in-8, 1861.

A la mémoire de Mgr Dufêtre, hommage à Mgr Forcade, poésie, par M. Oppepin, 1 feuille in-8, 1861.

Nouveau mémoire en réponse au deuxième libelle de M. Heulhard de Montigny, 1 feuille 1/2 in-8, par F. Wagnien, 1861.

Mémoire pour la défense des droits des habitants de Lormes, par F. Wagnien, 1 feuille 1/2 in-8, 1862.

Pour Coutal Auguste, par Faure, demi-feuille in-8, 1862.

Mémoire sur l'exploitation agricole de Villars, par le comte de Bouillé, 3 feuilles in-8, 1862.

Un trait de dévouement filial, Auguste Coutal, par Maria Gay, 1 feuille in-8, 1862.

Géographie du département de la Nièvre, en vers mnémotechniques, par Frédéric Abst, 1 feuille in-8, 1862.

Les Quatrains de l'Enfance, par l'abbé Hurault, 3 feuilles in-18, 1862.

Sur la mort de Sœur Ursule Rougé, poésie, par L. Oppepin, 1 feuille in-8, 1862.

Cérémonial pour les vêtures et professions des religieuses hospitalières de l'Hôtel-Dieu de La Charité-sur-Loire, 3 feuilles 1/2 in-8, 1862.

Le Chaulage, poésie, par M. Moreau de Charny, 1863.

En faveur des ouvriers Rouennais, poésie, par Achille Millien, 4 p. in-8, 1863.

Rapport des jurys des diverses expositions au concours régional, 5 feuilles in-8, 1863.

Fondation de la bibliothèque et du musée de Varzy, par M. Piffaut, 1863.

Mandatum, etc., de sacramento pœnitentiœ, 1 feuille in-12, 1863.

Decreta synodorum Nivernensium, 1 feuille in-12, 1863.

Un enfant du peuple à tous, par Bornet, teinturier, 1 feuille in-8, 1863.

Les Faïences et les Faïenciers, 1 beau vol. grand in-4, par M. du Broc de Seganges, 1863.

Bulletin de la Société Nivernaise, seconde série, tom 1er, 31 f., 1863.

Annales de la Société départementale d'agriculture, 6 feuilles in-8, 1864.

E.

REGNAUDIN-LEFEBVRE,

Successeur de Lacoche.

1843-1850. *A /* [handwritten: d'après CD Rom BNF 1338 (3 octobre 1851)]

___

Géographie élémentaire, spéciale à l'usage des écoles primaires de la Nièvre, 6 feuilles in-18, 1844.

Biographie universelle de Feller, revue par l'abbé Simonin, les 10 dernières feuilles seulement du troisième volume, grand in-8, 1844.

Manuel de piété à l'usage des Sœurs de la Charité, in-18, 1844.

Mémoire sur procès ou attaque et défense de deux canons donnés par la convention nationale à la ville de Moulins-Engilbert, et vendus à M. Jules Miot, par Lorry, maire, 2 feuilles in-4, 1844.

Directoire des Sœurs de la Charité et Instruction chrétienne, in-18, 1844.

La Poétique de M.-J. Vida, traduite en vers français par F. Bernay, avec une introduction et une notice par P. Bernay, 1 vol. in-8, 1845.

Bibliothèque instructive des enfants, par A. Duvivier, se composant de plusieurs opuscules séparés, in-18, 1845.

Ces opuscules sont :

Simple coup d'œil sur l'histoire de France ;

Origine drôlatique de la grammaire française ;

Le Rameau de Pâques-Fleuries, légende morvandelle ;

Conseils ;

Les lettres de l'alphabet à la cour de Charlemagne ;

Le vieux fuyard de la clairière ;

De la bonne conduite et du travail.

Instructions et avis de M. de Lavesne, instituteur des Sœurs de la Charité et instruction chrétienne, in-18, 1846.

Mauritius, tragédie en 5 actes et en vers, par M. Montchanin, in-8, 1846.

L'*Union libérale*, feuille politique de l'opposition (1846), paraissant trois fois par semaine; Ulysse Pic, rédacteur en chef; J.-B. Boyau, gérant. — Gilbert Bonnot, gérant (17 mars 1847). — Devient l'*Union républicaine* (24 février 1848). — 17 janvier 1848, procès devant le tribunal de Cosne, condamnation, suspension du journal pendant un mois. Ce jugement est confirmé le 7 février suivant et annulé en fait par la révolution de février 1848. — Cesse de paraître le 8 juillet 1848.

Histoire des variations de M. Delangle, 16 pages in-8, 1846. (Extrait de l'*Union libérale*.)

Les guêpes de la Nièvre, par Ulysse Pie, in-32, 1846.

La vérité sur le conflit survenu entre le conseil municipal et le conseil de fabrique de Château-Chinon, 2 feuilles in-8, 1846.

Cession du cabinet de M. Gallois à la ville de Nevers, séances du conseil municipal des 18, 19 et 30 novembre 1847, 28 p. in-8.

Découverte archéologique à Nevers, traces de l'incendie de l'an 52 avant J.-C., par A. Duvivier, 8 pages in-8, 1847.

De la réorganisation de la boulangerie à Nevers, dans les départements, et de l'état actuel de la boulangerie de Nevers, par F. Wagnien, 54 pages in-8, 1847.

Epître à un brave, par le père Jean, 24 pages in-8, 1847.

Requête à un célèbre cordon-bleu, par M. Jaubert aîné, 12 pages in-8, 1847.

Don Raphaël ou la Confession, in-8, 1847.

De l'abolition de la peine de mort, par M. Bassinet, avocat, in-8, 1847.

Discours prononcé par M. Duvergier de Hauranne, au banquet réformiste de la Nièvre, à La Charité, in-8, 1847.

Compte-rendu du même banquet (17 octobre 1847), in-8.

Professions de foi des candidats à l'assemblée nationale constituante :

Frédéric Ragon, Alexandre Rouet, Hip. Durand, Ch. Cellier, Ferdinand Ruiz, Senelle, Henri Pellault, Manuel, ancien député, Jules Miot, général Lafontaine, Grangier de la Marinière, Bompois père, Archambault de Prémery, 1848.

Circulaire de A. Duvivier aux instituteurs, sur la présidence, 3 pages in-8, 26 novembre 1848.

Banquet démocratique et social de Nevers, compte-rendu, toasts, 24 pages in-8, 3 décembre 1848.

Avis de M. Ulysse Pic, rédacteur de *la Sentinelle,* au public Nivernais, 1 page in-4, 1848.

Adhésion au manifeste de la Montagne, du comité électoral des travailleurs de Nevers ; directeur : E. Jacob, 1 page in-8, 1848.

Association médicale du département de la Nièvre, 2 f. in-8, 1848.

Le Neveu de son oncle : Vieux chapeau, jeune aiglon, 4 pages in-8, 30 novembre 1848.

Une candidature à la présidence de la république, 4 pages in-8, 30 novembre 1848.

Profession de foi de J. Miot, candidat à l'assemblée législative, 1 page in-4, 1849.

Le comité démocratique de la Nièvre aux électeurs, extrait du procès-verbal de la séance du 15 avril 1849, placard.

Le comité des 40 délégués des travailleurs de Nevers aux travailleurs des 25 cantons de la Nièvre, élections 1849, placard.

Toast du citoyen Rochut au banquet démocratique de Cosne, du 6 mai 1849, 1 page in-folio.

Profession de foi de Charles Gambon, candidat à l'assemblée nationale en remplacement de son frère Ferdinand, élections du 10 mars 1850, 1 page in-8.

Précis de Géographie universelle suivi d'une Géographie complète de la Nièvre, par A. Duvivier, 1 vol. in-18, 1850.

Réglement de la Société fraternelle de prévoyance de secours mutuels de la Nièvre, 1850.

La sainte liberté, chanson en quatre couplets, par Gounot, sabotier à Cosne, 1850.

Chants du Berry, par V. Baron, détenu politique, 1850.

Épître à un curé du Morvand, par Jaubert aîné, 1850.

A la Cathédrale de Nevers, par Duverger, 1850.

Bons sens et bonne foi, feuille politique s'annonçant mensuelle, par Henri Pellault, à partir du 10 septembre 1850, in-8. — Je crois bien qu'il n'y a pas même eu de numéro 2.

Memento de l'humanité, par Jules Balandreau, 8 pages in-8, 1851.

Présent, passé, avenir de l'humanité, par le même, 8 p. in-8, 1851.

Compte-rendu du procès des citoyens Jules Miot, H. Pellault, A. Rouet et E. Regnaudin, en raison d'un écrit sur le régime de détention infligé, dans la prison de Nevers, au citoyen Malardier, représentant du peuple, devant la cour d'assises de la Nièvre, 19 et 20 février 1851.

Le Peuple, feuille politique; gérant, E. Jacob, 1851. — Je n'ai pu en rencontrer un seul numéro.

XXIXme Imprimeur.

P. BÉGAT,

Successeur de Sionest, imprimeur de la Mairie, 1846.

En 1848, M. Girerd, commissaire du gouvernement de la République, administrateur provisoire du département, partage les impressions administratives de la préfecture entre les trois imprimeurs de Nevers. M. Bégat est seul autorisé à prendre le titre d'*Imprimeur du Gouvernement;* M. Ruiz maintient cet état de choses jusqu'au moment où il résigne ses fonctions de préfet de la Nièvre. — L'arrivée de M. Petit-Delafosse mit fin à ce partage équitable.

Almanach général de la Nièvre, archives départementales, in-18, depuis 1847, sans interruption ; deux éditions en 1849 et 1852.

Manuel du Jubilé à Nevers, in-18, 1847.

Manuel pratique de piété, par M. Fliche, curé de Château-Chinon, in-18, 1847.

Affiches de Nevers, feuille devant être périodique, numéro 1 et unique, 12 décembre 1847.

L'Amour de Dieu, poème par Édouard Rey, grand in-18, 1847.

Organisation de l'instruction primaire, par Ant. Duvivier, in-8, 1848.

Qu'est-ce que la République ? Qu'a-t-elle été ? Que doit-elle être ? par V.-D. Gruet, in-8, 1848.

Défense de Charles Cellier, candidat à l'assemblée nationale, ancien notaire, condamné politique en janvier 1838, avec une préface de Ulysse Pic, in-8, 1848.

Le Droit des peuples, par Elphège Bonnet, instituteur à Poiseux, in-8, 1848.

L'Entracte, journal-charivarique, sept numéros, dont le premier du 17 mars 1848.

Ulysse Pic aux travailleurs, aux opprimés, profession de foi à l'occasion de sa candidature à la Constituante, in-8, 1848.

Professions de foi de MM. Poullet aîné, d'Apremont, A. Duvivier.

La Sentinelle, feuille politique; rédacteur : Ulysse Pic ; sept numéros
seulement paraissent ; premier numéro, 16 mars 1848.

Après l'impression de ce premier numéro, l'imprimeur refuse ses
presses pour le suivant. Grande colère ; Ulysse Pic écrit et se plaint au
gouvernement provisoire; l'imprimeur reçoit une sommation par huissier
corroborée d'une lettre du citoyen Flocon, membre du gouvernement
provisoire, au citoyen Rochut, laquelle lettre, transcrite tout au long
sur timbre, est ainsi conçue : « Le 24 mars 1848. — Gouvernement
provisoire. — Au nom du peuple français. — Au citoyen Rochut. —
Citoyen, vous me demandez mon avis sur la conduite à tenir envers un
imprimeur qui vous refuse ses presses et confisque la liberté au profit
d'une intrigue et d'un parti. Mon avis, le voici : La presse est le pain de
l'âme ; un imprimeur n'a pas plus le droit de refuser ses presses qu'un
boulanger n'a le droit de refuser de cuire du pain. Le gouvernement
provisoire, en rayant toutes les lois restrictives de la liberté, et notamment celle qui associait l'imprimeur à la responsabilité de l'écrivain, n'a-
t-il pas fait encore assez? Cela serait possible et me paraîtrait démontré
si de pareils refus se renouvelaient; en ce cas, le remède serait bien
simple : la destruction du privilége. Avertissez votre imprimeur et
dites-lui que c'est sur cet exemple que je me fonderai pour demander
à l'assemblée un article de loi ainsi conçu : « Au lieu de dire : Tout
» Français a le droit de faire imprimer (stlyle de charte royale), on
» dira : Tout Français a le droit d'imprimer, etc. » — Salut et frater-
nité. Signé Ferdinand Flocon. — Au bas est écrit : Enregistré à Nevers
le 24 mars 1848, folio 80, recto, case 3, reçu deux francs et le décime,
signé Groult (24 mars 1848).

» Edme Gressin, huissier. »

L'Avenir du Peuple, bien-être moral, instruction ; bien-être matériel,
travail. Paraissant trois fois la semaine. M. Gruet, professeur du collége,
rédacteur ; M. A. de Saintemarie, collaborateur; l'imprimeur, gérant.

6

Le *Journal de la Nièvre* lui souhaite ainsi la bienvenue : « Nous
» devons mentionner la fondation d'un nouveau journal politique, depuis
» quelques jours, sous le titre de *l'Avenir du Peuple*. Cette feuille
» paraît soutenir avec modération les principes et les actes du gouver-
» nement. »

Une injonction du parquet, basée sur une récente circulaire du ministre de l'intérieur, réclamant le versement d'un cautionnement, met fin
à cette publication le 16 juillet 1848; elle renaît le 5 décembre suivant,
sous le titre de :

Le Bien du Peuple, journal démocratique de la Nièvre, paraissant trois
fois par semaine. Rédacteur, A. Duvivier; gérant responsable, P.-J.
Imbert. Le cautionnement est versé par M. F. Girerd, représentant du
peuple. La marche des événements, la rédaction par trop démocratique
de cette feuille, amènent des tiraillements d'abord et finissent par éloi-
gner complètement son principal patron fondateur. *Le Bien du Peuple*
prend fin le 28 novembre 1849. L'imprimeur saisit le cautionnement :
de là procès et liquidation de la dette de chacun par jugement.

Les prétendants, chanson, par A. Duvivier, in-8, 1848.

Le citoyen Girerd aux habitants de la Nièvre, candidature du général
Cavaignac à la présidence, 3 p. in-4, 1er décembre 1848.

Réponse du citoyen Girerd, représentant du peuple, à un article du
Journal de la Nièvre du 15 août 1848, 4 pages in-4.

Le dernier mot des travailleurs, chanson, par A. Duvivier, in-8, 1849.

Du droit à l'assistance, par le colonel Mouton, in-8, 1849.

Journal d'éducation, par Mlle Elisa Chevalier, un numéro seulement,
in-4, 1849.

Compte-rendu du conseil général, par M. Pellault, septembre 1849.

Profession de foi des candidats à l'assemblée législative, Renduel
(de Beuvron), A. Périer, ex-lieutenant-colonel Mouton, A. Duvivier,
Gudin de Château-Chinon, de Vertpré, F. Ruiz, 1849.

Au colonel Mouton, ses soldats reconnaissants, poésie, 3 p. in-8, 1849.

Dieu protège la France, par Mlle Elisa Chevalier, in-8, 1850.

La contre-révolution dévoilée, par A. Toubin, 1 vol. grd-in-18, 1850.

Cours d'arithmétique par Paulard, instituteur à Prémery, in-18, 1850.

La vérité sur M. Victor Hugo, par Mlle Elisa Chevalier, 1/2 feuille in-folio, 1850.

De l'emploi des eaux minérales de Pougues, par le docteur Crozant, 4 feuilles in-8, 1851.

De l'asthme, par le même, 1 volume in-8, 1851.

Réclamation des flotteurs de Clamecy, par Pellault, in-8, 1851.

Consultation sur la loi du 31 mai, par H. Durand, in-8, 1851.

Méthode de lecture, par Bretagne, instituteur à Moulins-Engilbert, in-18, 1852.

La quadrature du cercle, par Rérolles, in-8, 1852.

Quelques détails adressés à ses concitoyens, par l'ancien maire de Nevers, M. Desveaux, sur sa gestion administrative de 1831 à 1848. — 1852.

Méditations de Kroust, traduites de l'allemand par M. l'abbé Sergent (Mgr de Quimper), 5 volumes grand in-18, dont deux seulement imprimés à Nevers, 1853.

Réglement de la société philharmonique, 14 p. in-8, 1853.

Prières et Cérémonies de la consécration d'une église, par M. l'abbé Crosnier, gr^d-in-18, 1854.

Sur le choléra, par M. Marbot, D. M., in-8, 1854.

Calendrier religieux à l'usage des sœurs de la Charité et Instruction chrétienne, in-18, 1855, 56, 57, et années suivantes.

Guide archéologique dans Nevers, par M. le comte G. de Soultrait, in-18, 1856.

Traité de photographie, par Emmanuel Teruel, in-8, 1856.

Réflexions et conseils à l'usage des serviteurs, par Mme M. A., in-18, 1856.

Directoire des supérieures des sœurs de la Charité et Instruction chrétienne, in-18, 1856.

Résumé méthodique d'histoire universelle, par M. Crouzet, in-18, 1856, 2me édition, 1861.

Devoirs et vertus des sœurs institutrices, par un ancien supérieur de Communauté, in-32, 1857 ; 2ᵐᵉ édition, 1863.

Guide médical aux eaux de St-Honoré, par le Dʳ Allard, in-18, 1857.

Géographie politique de l'Europe, par M. Crouzet, in-18, 1857.

Manuel des supérieures de communautés religieuses, par un évêque, ancien supérieur de communauté, 2ᵉ édition, 1858.

Guide pittoresque dans la Nièvre, par Mᴴᵉ Elisa Chevalier, avec carte du département et gravures sur bois, grᵈ-in-18, 1858.

Calendrier religieux à l'usage du diocèse, années 1858 et suivantes.

Vie de Sainte Solange, par Mgr Crosnier, opuscule in-18, 1858.

Manuel des sœurs de la Charité, in-18, 1859.

Géographie de la Nièvre, par M. Crouzet, in-18, 1859.

Exercices et problèmes de calcul, par M. Luguet, instituteur à Pougues, in-18, 1860 ; 2ᵉ édition, 1862.

La Moisson, poésie, par Achille Millien, 1 vol. grᵈ-in-18, 1860.

Méditations à l'usage des sœurs de la Charité, ou le *Trésor spirituel*, par Mgr Dufêtre, in-18, 1860.

Réglements de la congrégation des sœurs de la Charité, in-18, 1860.

Les poètes contemporains. — Achille Millien, par Léon Rogier, in-18, 1860.

Le Clergé Français au ban de l'opinion, brochure politique, par l'abbé Rouquette, in-8, 1861.

Poésie dédiée à Mgr Forcade, par deux ouvriers d'Imphy, in-8, 1861.

Notice sur St-Théodore d'Amasie, et son culte, par M. l'abbé Cadot, curé de Coulanges-les-Nevers, in-8, 1861.

Compte-rendu des opérations du congrès pharmaceutique tenu au Mans, par M. Boudard, in-8, 1861.

Chants agrestes, poésie, par Achille Millien, grᵈ-in-18, 1862.

De l'eau, du vin et du pain, par M. Boudard, pharmacien-chimiste à Châtillon, in-8, 1862.

Ligne de propagation de quelques fossiles, et Considérations géologiques, par Th. Ebray, in-8, 1862.

Géographie universelle élémentaire, avec *Géographie de la Nièvre*, par Luguet, in-18, 1862.

Les Balances du bon Dieu, par Mme Marie-Angélique, in-18, 1862.

Compte-rendu du procès des libraires-réunis de Nevers contre les instituteurs laïques et religieux, in-4, 1862.

Méthode pratique de lecture, par Digot, instituteur à Nolay, in-18, 1862.

Le Concours régional à Nevers, revue sérieuse et drôlatique, publication de circonstance et très-éphémère, qui paraîtra au nombre de 15 numéros ; gérant responsable, Teruel, in-f°, 1863.

Une Exposition en province, revue allégorique en 2 actes et 5 tableaux, par Gaboriau, de Nevers, in-8, 1863.

Le Souvenir, par J. Dubuisson-l'Auxerrois, in-18, 1863.

Sur la présence de l'étage Bathonien et de l'étage Bajocien à Crussol (Ardèche), et étude des allures du *Terrain houiller de Decize*, par Th. Ebray, in-8, 1863.

Les Trois Sourires, par Dubuisson-l'Auxerrois, in-18, 1863.

Une Misère, par Dubuisson-l'Auxerrois, in-18, 1863.

Publications nouvelles, par Dubuisson-l'Auxerrois, in-18, 1864.

Description géologique du bassin houiller de Decize, par Th. Ebray et Dezautière, in-8, 1864.

Mémoire présenté à la Cour de Cassation pour les libraires-réunis de Nevers, contre les instituteurs des corporations religieuses, in-4, 1864.

Rimes franches, poésie, par Louis Guibert, gr^d-in-18, 1864.

La Semaine religieuse du diocèse de Nevers, publication hebdomadaire, non politique ; éditeur-gérant : P. Bégat ; premier numéro, 13 mars 1864.

XXXme Imprimeur.

Stanislas GOURDET,

Successeur de Regnaudin-Lefebure, 1851.

Almanach de Nevers et de l'arrondissement, in-18, années 1854, 1855, 1856, dernière année.

Du chaulage et du sulfatage des grains, par M. Chapoteau, in-8, 1854.

Traité d'hygiène et protèse dentaire, par M. Egraz, in-8, 1854.

Rodolfo ou un Cœur d'artiste, par Bourgeois, artiste dramatique, in-8, 1855.

La Publicité Nivernaise, feuille hebdomadaire non politique, premier numéro en juin 1855 ; cesse de paraître le 1er janvier 1862. Propriétaire-gérant, l'imprimeur.

Guide du clerc de notaire, par Hugues Menetier, in-8, 1856.

Dictionnaire des villes et campagnes, par Hannequin, 38 feuilles in-8, 1857.

Les lettres de l'alphabet à la cour de Charlemagne, par Ant. Duvivier, 2me édition, in-32, 1860.

Lettre de l'auteur des règles d'escompte, par M. Calvignac, in-16, 1863.

Le Moniteur du Concours, dix numéros en juin et juillet 1863.

Henri III aux Eaux de Pougues, comédie en un acte, par M. Ch. de Montlouis, 1863.

Le Prince de Conti aux Eaux de Pougues, comédie, in-8, 1864.

Le Rôdeur de nuit, petit in-8, 186

Nevers, 2 juin 1864.

FIN.

APPENDICE.

—————

La Confrérie de la Passion de N.-S. J.-C. en l'église royale et cathédrale de St-Cyr de Nevers, 50 p. in-18, imprimé par Louis Lefebvre, 1752. (Bibliothèque de Mgr Crosnier).

Ordo divini officii, 72 pages, imprimé par Pierre-Louis Lefebvre, 1772 (Bibliothèque de Mgr Crosnier).

—————

www.ingramcontent.com/pod-product-compliance
Lightning Source LLC
Chambersburg PA
CBHW060452260626
47161CB00005B/2071